"双碳"下的综合能源服务
——政策 市场与实践

代红才 汤芳 陈睿 吴潇雨 ◎著

中国电力出版社
CHINA ELECTRIC POWER PRESS

内 容 提 要

本书是《综合能源服务——能源互联网时代的战略》的延续,立足近 3 年(2020—2022 年)的新形势、新变化、新要求,提出对综合能源服务的新认识、新理解、新观点,与广大读者共同探讨综合能源服务发展之路。

本书共分为政策篇、市场篇及实践篇 3 篇。政策篇重点从国家"双碳"政策、能源产业政策、能源市场化改革政策 3 个维度,系统梳理国内综合能源服务发展的政策背景;市场篇重点从市场规模、市场主体、市场运行 3 个维度,分析综合能源服务市场发展现状与趋势;实践篇聚焦建筑、工业、交通、农业等重点领域,搜集梳理近期综合能源服务典型实践案例,总结先进经验。

本书适用于各级政府能源与电力主管部门的有关人员、电力及能源企业有关部门的管理决策人员,以及有关研究人员参考使用。

图书在版编目(CIP)数据

"双碳"下的综合能源服务:政策、市场与实践/代红才等著 . —北京:中国电力出版社,2023.7(2023.10重印)

ISBN 978 - 7 - 5198 - 7904 - 4

Ⅰ.①双… Ⅱ.①代… Ⅲ.①能源经济—服务市场—研究—中国 Ⅳ.①F426.2

中国国家版本馆 CIP 数据核字(2023)第 104654 号

出版发行:中国电力出版社
地　　址:北京市东城区北京站西街 19 号(邮政编码 100005)
网　　址:http://www.cepp.sgcc.com.cn
责任编辑:崔素媛(010-63412392)
责任校对:黄　蓓　马　宁
装帧设计:赵丽媛
责任印制:杨晓东

印　　刷:三河市航远印刷有限公司
版　　次:2023 年 7 月第一版
印　　次:2023 年 10 月北京第二次印刷
开　　本:710 毫米×980 毫米　16 开本
印　　张:11
字　　数:150 千字
定　　价:69.00 元

2020 年 9 月 22 日，习近平总书记在第七十五届联合国大会一般性辩论上庄严承诺，中国将采取更加有力的政策和措施，二氧化碳排放力争于 2030 年前达到峰值，努力争取 2060 年前实现碳中和。"双碳"目标提出后，能源产业发展方向发生深刻变化，能源市场化改革加速推进，能源与工业、建筑、交通等重点领域融合发展更加紧密，综合能源服务产业发展面临新形势、新机遇、新要求。

本书是《综合能源服务——能源互联网时代的战略》的延续，立足近 3 年（2020－2022 年）综合能源服务新形势新变化，以政策环境分析为出发点，系统剖析综合能源服务市场发展现状及趋势，全面梳理综合能源服务业务最新实践，提出对综合能源服务产业发展的新认识、新理解、新观点。

本书共分为政策篇、市场篇、实践篇 3 篇，分别从宏观、中观、微观三个层面，系统描画综合能源服务产业的历史、现状及未来，与读者一起探讨我国综合能源服务产业发展之路。政策篇重点从国家"双碳"政策、能源产业政策、能源市场化改革政策 3 个维度，系统梳理国内综合能源服务面临的政策环境，分析其对综合能源服务产业发展的影响；市场篇重点从市场规模、市场主体、市场运行 3 个维度，分析综合能源服务市场发展现状与趋势；实践篇聚焦建筑、工业、交通、农业等重点领域，梳理近期综合能源服务典型实践案例，总结先进经验。

本书由国网能源研究院有限公司（简称"国网能源院"）代红才、汤芳、陈睿和吴潇雨编著。撰写过程中得到了国家电网有限公司营销部、国网冀北电力、国网山东电力、国网江苏电力、国网湖南电力、国网电力科学研究院（武汉）能效测评有限公司、国网综合能源服务集团、国网信产集团、清华大学、中石油规划总院、国家电力投资集团有限公司、北京国氢中联氢能科技研究院有限公司等单位多位专家和业界人士的支持和帮助，在此表示衷心感谢！本书还得到了我院欧阳昌裕院长、王耀华副院长的大力支持，以及张宁、李苏秀、张希凤、张丝钰、时庆、王典等同志的热心帮助，一并表示感谢。

由于水平有限，疏漏和不足在所难免，欢迎专家和业界人士批评指正。

作　者

2023 年 6 月

政 策 篇

　　政策为综合能源服务产业创造了良好环境，指明了发展方向。近年综合能源服务产业积极落实国家政策要求，经济社会价值逐步显现，得到各级政府认可，"综合能源服务"越来越多地纳入国家、地方政策文件中，形成良性循环。

第1章 国家"双碳"政策

1.1 "双碳""1＋N"政策体系

1.1.1 政策概况

2020 年 9 月 22 日，习近平总书记在第七十五届联合国大会一般性辩论上庄严承诺"中国将提高国家自主贡献力度，采取更加有力的政策和措施，二氧化碳排放力争于 2030 年前达到峰值，努力争取 2060 年前实现碳中和"，为新时代我国推进全面绿色低碳转型开启新篇章。

实现"碳达峰、碳中和"（即"双碳"）目标，是一场广泛而深刻的经济社会系统性变革，涉及经济社会发展全过程和各领域，需要各行各业共同努力。

"双碳""1＋N"政策体系是全国"双碳"工作的根本遵循和基本出发点。"1"是我国实现"双碳"目标的指导思想和顶层设计，包括《关于完整准确全面贯彻新发展理念做好碳达峰碳中和工作的意见》《2030 年前碳达峰行动方案》两个文件；"N"包括能源、工业、交通运输、城乡建设、农业农村等重点领域碳达峰实施方案，煤炭、石油天然气、钢铁、有色金属、石化化工、建材等重点行业碳达峰实施方案，以及科技支撑、财政支持、绿色金融、绿色消费、统计核算、人才培养等支撑保障方案。已印发或公开的"双碳""1＋N"政策如图 1-1 所示。

2021 年 10 月 24 日，中共中央、国务院印发《关于完整准确全面贯彻新发展理念做好碳达峰碳中和工作的意见》（以下简称《意见》），提出了主要目标，到 2025 年，单位国内生产总值能耗比 2020 年下降 13.5%，单位国内生产总值二氧化碳排放比 2020 年下降 18%，非化石能源消费比重达到 20%左右；到 2030 年，单位国内生产总值二氧化碳排放比 2005 年下降 65%以上，非化石能源消费比重达到 25%左右，风电、太阳能发电总装机容量达到 12 亿 kW 以上；到 2060 年，非化石能源消费比重达到 80%以上。

图 1-1　已印发或公开的"双碳""1＋N"政策

2021 年 10 月 26 日，国务院印发《2030 年前碳达峰行动方案》（以下简称《方案》），提出重点实施能源绿色低碳转型行动、节能降碳增效行动、工业领域碳达峰行动、城乡建设碳达峰行动、交通运输绿色低碳行动、循环经济助力降碳行动、绿色低碳科技创新行动、碳汇能力巩固提升行动、绿色低碳全民行动、各地区梯次有序碳达峰行动等十大行动。

截至 2022 年底，"N"中有十余项政策已印发或公开，包括工业、城乡建设、农业农村等重点领域和有色金属、建材等重点行业碳达峰实施方案，以及科技支撑、财政支持、绿色消费、统计核算、人才培养等支撑保障方案。各省碳达峰实施方案也在持续发布中。

1.1.2 "双碳"目标下综合能源服务承担的战略使命

1. 我国实现"双碳"目标，面临多重挑战

(1) 时间紧。我国要在未来 10 年内实现碳达峰，之后要在 30 年内从"碳达峰"过渡到"碳中和"，与欧洲、美国的 50～70 年的过渡期相比，时间间隔短。

(2) 压力大。我国仍是世界最大的发展中国家，尚处于工业化阶段，既要保持经济增速保持在合理区间，又要实现大幅减排，与欧美的"先发展、后减排"相比，实施难度大，现实困难多。

2. 能源领域承担重要使命

(1) 总量大。2022 年我国能源消费总量约为 54 万 tce，化石能源燃烧产生的二氧化碳排放量约 100 亿 t，占全球比重接近 30%，远超其他国家。能源燃烧是我国主要的二氧化碳排放源，占全部二氧化碳排放的 88% 左右。

(2) 目标高。能源领域 2030 年前需争取尽早达峰，且尽可能控制峰值；2060 年前要实现深度减排，为非能源二氧化碳排放争取空间。

3. 能源消费侧"双碳"工作面临多重困难

相较于生产侧，能源消费侧有以下特点：①直接碳排放量大，约占能源领域碳排放的 53%；②碳排放主体众多、需求各异，涉及工交建农多领域多场景；③降碳技术路线复杂多元，需要根据客户需求整合节能提效、新能源开发利用、电能替代、智慧能源等技术，提供一体化解决方案；④能源系统"荷随源动"逐步向"源荷互动"形态转变，能源消费侧主体功能角色向产消一体化升级。能源领域生产侧与消费侧"双碳"路径对比如图 1-2 所示。

可以说，面向能源消费侧开展"双碳"工作，困难大、挑战多，未来能源消费侧或将成为我国实现"双碳"目标的主战场。

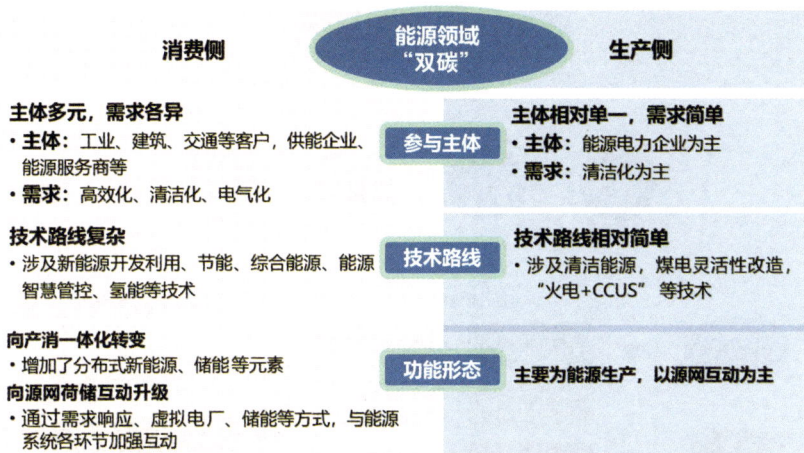

图 1-2 能源领域生产侧与消费侧"双碳"路径对比

4. 综合能源服务为能源消费侧"双碳"工作提供战略支撑

在《综合能源服务——能源互联网企业的战略选择》一书中已经提出了综合能源服务的定义。综合能源服务是指面向能源系统终端,通过能源品种组合、技术进步、商业模式创新、系统集成等方式,使客户收益或满足感得到提升的行为。"双碳"背景下,能源消费侧转型方向聚焦在优化结构、提高效率、保障安全、降低成本等方面。综合能源服务能够有效促进能源结构优化、支撑能源效率提升、助力能源安全保障、降低服务用能成本,是推动能源消费侧转型的重要抓手。"双碳"背景下综合能源服务推动能源转型的解决方案如图 1-3 所示。

1.1.3 "双碳"政策对综合能源服务重点领域对象的影响

综合能源服务重点面向对象包括工业、建筑、交通、农业农村等。"双碳"政策体系对这些重点领域均提出了明确的目标和任务要求。

1. 工业领域

《方案》提出开展工业领域碳达峰行动。

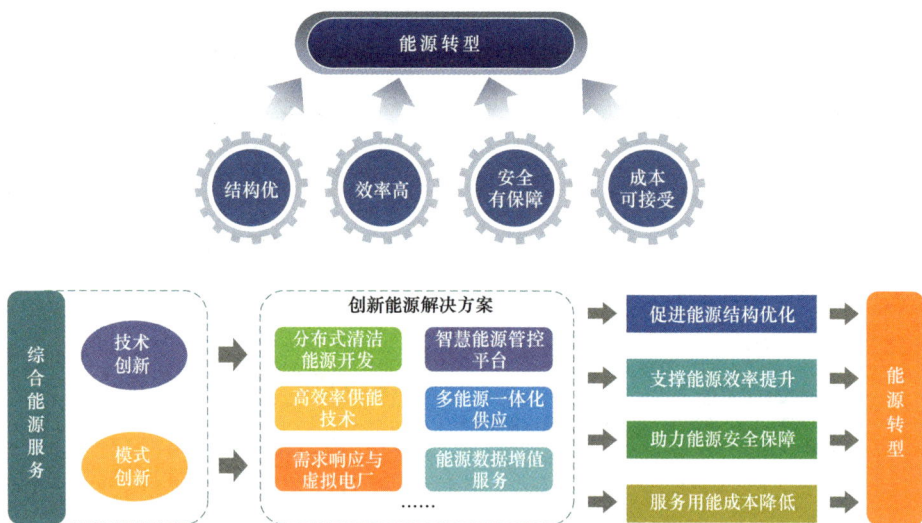

图 1-3　"双碳"背景下综合能源服务推动能源转型的解决方案

《工业领域碳达峰实施方案》提出，到 2025 年，规模以上工业单位增加值能耗较 2020 年下降 13.5%，单位工业增加值二氧化碳排放下降幅度大于全社会下降幅度，重点行业二氧化碳排放强度明显下降，2030 年前确保工业领域二氧化碳排放达峰。据国网能源院《中国能源电力发展展望 2021》测算，随着工业增加值增速放缓、工业部门内部结构和技术优化升级，工业部门能源消费需求将于 2030 年前后达到峰值，峰值水平约 25 亿 tce，在终端能源需求中的比重稳步下降，2025—2030 年占比略低于 60%。

综合能源服务可以面向传统产业提供节能降碳改造升级、清洁能源与电能替代、能源优化管理等服务，面向战略新兴产业、先进制造业提供绿色工厂建设、能源智慧管理等服务，面向园区提供绿色园区建设、余能回收利用、能源基础设施共建共享等服务，助力工业企业能耗强度、碳排放强度不断下降，非化石能源消费比重、电能占终端能源比重稳步提升。

2. 建筑领域

《方案》提出开展城乡建设领域碳达峰行动。

《城乡建设领域碳达峰实施方案》提出，到 2025 年，城镇新建建筑全

面执行绿色建筑标准，星级绿色建筑占比达到30%以上，新建政府投资公益性公共建筑和大型公共建筑全部达到一星级以上。2030年前确保建筑领域二氧化碳排放达峰。据国网能源院《中国能源电力发展展望2021》测算，受居民消费多样化和消费品质高端化的影响，建筑部门❶终端能源消费需求将于2040年前后达到峰值，峰值水平约9亿～10亿tce，占比持续提升，2035年前由2020年的21%提升至近25%。

综合能源服务可以面向公共建筑和居住建筑开展节能改造，加强适用于不同气候区、不同建筑类型的节能低碳技术推广，提供能耗运行监测与优化控制服务，提高建筑能源利用效率，助力超低能耗建筑、低碳建筑、零碳建筑规模化发展；同时加快优化建筑用能结构，因地制宜推广空气源热泵、地源热泵、太阳能光伏、太阳能光热等，推动柔性用电建筑发展，加强可再生能源利用，推动构建以电力消费为核心的建筑能源消费体系，提高建筑终端电气化水平。

3. 交通领域

《方案》提出开展交通领域碳达峰行动。

《交通领域碳达峰实施方案》尚未公开印发，交通运输部、国家铁路局、中国民用航空局、国家邮政局《贯彻落实〈中共中央　国务院关于完整准确全面贯彻新发展理念做好碳达峰碳中和工作的意见〉的实施意见》已经发布，提出了"以提升交通运输装备能效利用水平为基础，以优化交通运输用能结构、提高交通运输组织效率为关键，加快形成绿色低碳交通运输方式，加快推进低碳交通运输体系建设"的实施路径。交通部门受人们出行需求增加和运输行业新技术新模式快速发展的叠加影响，终端能源消费需求将于2035年前后达到峰值，峰值水平约8亿tce，用能占比稳步提升，由2020年的不足15%稳步提升至2040年的20%。

---

❶　建筑部门包含第三产业（不含交通运输）和居民生活（不含交通出行）。由于这两部分能源消费主要发生在建筑物内，因此合称为建筑部门。

综合能源服务可以面向公路交通提供绿色基础设施建设，包括充换电站、加氢站等，面向船舶领域提供岸电服务、绿色港口建设服务，面向交通枢纽场站提供绿色改造、综合能源系统建设运营、智慧能源管理等服务，助力交通领域全面提升电气化水平、清洁化水平。

4. 农业农村领域

《方案》提出开展农业农村领域碳达峰行动。

《农业农村减排固碳实施方案》提出，到 2025 年，种植业、养殖业单位农产品排放强度稳中有降，农业农村生产生活用能效率提升。据国网能源院《中国能源电力发展展望 2021》测算，农业部门始终保持较低能源消费水平，终端能源消费需求将于 2030 年前后达到峰值，峰值水平约 0.4 亿 tce，用能占比约 1%。

综合能源服务可以推进农业绿色低碳转型，加快生物质能、太阳能、风能等可再生能源开发利用，为高附加值种植业、畜牧业、渔业提供电动化、智能化改造，推进绿色农房建设和农房节能改造，推广电动农机、电动渔船等。

能源电力深度脱碳情景下我国终端能源需求部门结构变化如图 1-4 所示。

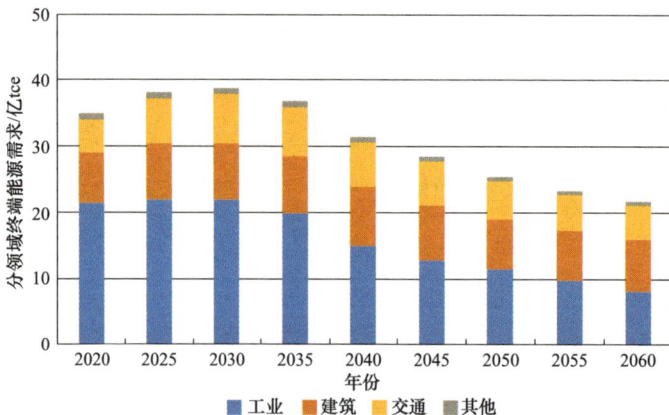

图 1-4　能源电力深度脱碳情景下我国终端能源需求部门结构变化❶

----

❶　引用自国网能源院《中国能源电力发展展望 2021》。

1.1.4　"双碳"政策对综合能源服务重点业务方向的影响

根据国际能源署（IEA）发布的《世界能源展望》（World Energy Out-
look，WEO），能源领域降碳主要通过节能提效，可再生能源开发利用，能
源替代（重点为氢能），碳捕集、利用、封存等方式来实现，如图 1-5 所示。
对于我国 2030 年前碳达峰目标的实现，多方测算表明，节能提效贡献度在
70% 以上，发展可再生能源和核电贡献接近 30%，氢能利用以及二氧化碳
（CO_2）捕集、利用与封存（CCS/CCUS）等业务对这一目标很难作出实质
性贡献❶。因此，2030 年前，对应到综合能源服务产业，主要业务方向包
括节能服务、新能源开发利用、电能替代等。2030 年之后，氢能利用以及
CCS/CCUS 等业务对"双碳"的贡献将逐步体现。

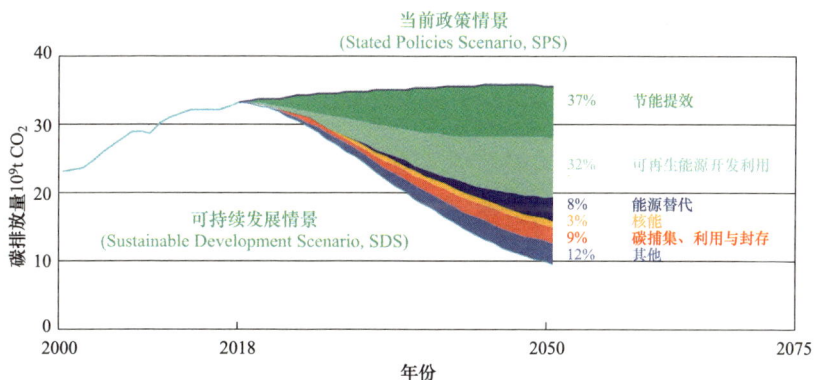

图 1-5　世界能源碳排放量预测

1. 节能服务

节能是我国实现碳达峰目标的最主要途径。只有尽量压低一次能源消
费量，"双碳"目标才更容易实现。"双碳"政策对节能提效工作指明了方

---

❶　白泉，中国宏观经济研究院能源研究所，中国改革报，《实现碳达峰碳中
和必须把节能增效放在突出位置》。

向，强调通过全面提升节能管理能力、实施节能降碳重点工程、推进重点用能设备节能增效等措施，落实节约优先方针，严格控制能耗强度，合理控制能源消费总量，推动能源消费革命，建设能源节约型社会。到 2025年，全国单位国内生产总值能源消耗比 2020 年下降 13.5%。到 2030 年，能耗强度继续大幅下降，能源消费总量得到合理控制，能源结构更加优化。

节能服务在能源消费侧主要通过设备节能、系统节能的方式提升能源利用效率，设备节能包括节能设备替换、变频变速改造、余能回收利用等多种方式，系统节能包括能源管控系统改造、工艺流程优化等方式，针对工业、建筑等领域有差异化的应用场景。

2. 新能源开发利用

"双碳"目标下，新能源将呈现跨越式增长趋势，新增电力消费中的六七成以上来自于风电和光伏发电的贡献。到 2025 年，非化石能源占能源消费总量比重达到 20%，到 2030 年非化石能源占比达到 25%，可再生能源装机规模将达到 12 亿 kW 以上。

新能源开发利用在能源消费侧主要通过分布式光伏、分散式风电、生物质、燃料电池等技术来满足终端的电力、热力能源需求。一方面，新能源开发利用可以实现零排放供能，直接减少温室气体排放；另一方面，新能源开发利用可以减少能源远距离转换输送带来的额外损耗。发展新能源对我国实现 2030 年前碳排放达峰目标的贡献约为 30%，预计分布式新能源开发利用约为 4%~6%。

3. 电能替代

新能源开发多以电为载体，工业、建筑、交通等领域为了降低碳排放，将采用"新能源+电能替代"模式，提高清洁化率、电气化率，并加速实现电气化、自动化、智能化发展。到 2025 年，我国电能占终端能源消费比重将达到 30%，2030 年将达到 35%。2060 年前全社会用电量将保持增长，电能将逐步占据终端用能的核心地位。

　　电能替代在能源消费侧主要是针对工业、建筑、交通、农业等领域的用能设备、工具推进电气化改造,以降低煤、油、气等化石能源消费,通过将碳排放转移到电力部门,降低直接碳排放量。在工业领域可推广电窑炉、高温热泵、大功率电锅炉,在建筑领域可推广热泵、电锅炉、电采暖等,在交通领域可推广电动汽车、电动重卡、电动巴士、电动船舶等,在农业领域可推广电动农机、电烘干、电加热等。能源电力深度脱碳情景下我国分品种终端能源需求如图 1-6 所示。

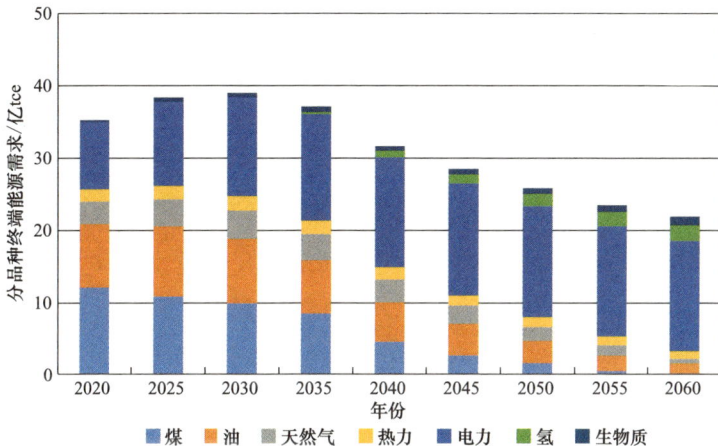

图 1-6　能源电力深度脱碳情景下我国分品种终端能源需求

4. 氢能利用

　　"双碳"目标下,以新能源制氢为主体的氢能有望成为多元化清洁能源供应体系的重要组成部分。氢能产业链庞大,主要包括上游生产制备、中游输送分配、存储转换以及下游终端消费等多个环节。中国氢能联盟数据显示,2021 年我国氢气产能已超过 4000 万 t。预计终端氢能燃料需求在 2030 年达 1000 万 t,2060 年达 2.0 亿~2.2 亿 t。

　　氢能在能源消费侧是高效清洁的二次能源、绿色低碳的工业原料。交通领域有望成为氢能在能源消费侧市场拓展的突破口,并逐步向工业、建筑等领域拓展。未来,电氢互动将成为综合能源服务的一部分,电—氢耦合互动场景包括：①电制氢设备作为可变负荷；②氢能和氢燃料电池应用于分布式能源和微网；③通过电转氢转其他能源的形式连接电力行业与其他终端消费行业。

5. 二氧化碳捕集、利用与封存（CCS/CCUS）

CCS/CCUS 是实现化石能源清洁利用和零碳排放的必然选择。据预测，CCS/CCUS 技术可以处理当前全球生产和经营活动产生的碳排放的 60%，2030 年将有一大批 CCS/CCUS 项目在化工、火力发电等行业推出，为我国碳达峰贡献 0.2 亿～4.1 亿 t 减排量，2060 年有望贡献 5 亿～29 亿 t 减排量。

在能源消费侧，CCS/CCUS 技术主要应用于钢铁、水泥、化工等行业，通过部署 CCS/CCUS 设备对燃料燃烧和工业过程两部分产生的二氧化碳进行捕集、封存，但目前尚无利用途径。CCS/CCUS 技术路线包括化学吸收法、吸附分离法、气体分离薄膜、低温蒸馏等，技术相对成熟，但成本较高。

1.2　碳排放权交易政策

1.2.1　政策概况与碳市场建设进展

近年来，我国碳市场建设快速推进，正逐步实现从地方试点先行到建立全国统一市场、从启动交易到持续平稳运行的过渡。

2013 年以来，我国先后启动了 7 个地方试点碳市场，2021 年 7 月 16 日，全国碳市场上线交易正式启动。目前，全国碳市场和地方试点碳市场

并存，预计还将持续并行一段时间，逐步向全国碳市场平稳过渡。尚未纳入全国碳市场的企业将继续在试点碳市场进行交易，纳入全国碳市场的重点排放单位不再参与地方试点碳市场。

2021 年，7 个地方试点碳市场碳排放配额累计成交量达 4.83 亿 t，成交额达 86.22 亿元。全国碳市场碳排放配额（CEA）累计成交量达 1.79 亿 t，成交额达 76.84 亿元，平均交易价格为 46.60 元/t CO_2。全国碳市场的配额总量约为 45 亿 t，根据目前的交易量测算，换手率在 3% 左右，市场活跃度还有较大提升空间，首个履约周期临近结束时市场交易量激增，大宗协议交易是目前主要的交易方式，市场履约情况整体较好。

2022 年，全国碳市场碳排放配额（CEA）累计成交量为 5086 万 t，成交额为 28 亿元，平均交易价格为 58.08 元/t CO_2，较 2021 年上涨了 25%，每日价格较为平稳、波动小。交易量呈现明显周期性，年初和年末交易量较高，年中交易较为低迷，集中度达到 91.93%，高于 2021 年的 80.80%。

从近年碳市场建设来看，政府工作重点集中于数据质量治理体系与碳配额分配方案的完善，对于社会各界广泛关注的纳入更多行业主体、重启国家核证自愿减排量（Chinese Certified Emission Reduction，CCER）等，仍在酝酿相关制度办法，并未进入实施阶段。2020—2022 年碳排放权交易相关主要政策见表 1-1。

表 1-1　　2020—2022 年碳排放权交易相关主要政策

日期	政策名称	部门	文号
2020 年 12 月 30 日	关于印发《2019—2020 年全国碳排放权交易配额总量设定与分配实施方案（发电行业）》《纳入 2019—2020 年全国碳排放权交易配额管理的重点排放单位名单》并做好发电行业配额预分配工作的通知	生态环境部	国环规气候〔2020〕3 号
2021 年 01 月 05 日	碳排放权交易管理办法（试行）	生态环境部	生态环境部令第 19 号

续表

日期	政策名称	部门	文号
2021年 03月29日	关于加强企业温室气体排放报告管理相关工作的通知	生态环境部	环办气候〔2021〕9号
2021年 03月29日	关于印发《企业温室气体排放报告核查指南（试行）》的通知	生态环境部	环办气候函〔2021〕130号
2021年 05月17日	关于发布《碳排放权登记管理规则（试行）》《碳排放权交易管理规则（试行）》和《碳排放权结算管理规则（试行）》的公告	生态环境部	生态环境部公告〔2021年〕第21号
2021年 07月27日	关于开展重点行业建设项目碳排放环境影响评价试点的通知	生态环境部	环办环评函〔2021〕346号
2021年 10月25日	关于做好全国碳排放权交易市场数据质量监督管理相关工作的通知	生态环境部	环办气候函〔2021〕491号
2021年 10月26日	关于做好全国碳排放权交易市场第一个履约周期碳排放配额清缴工作的通知	生态环境部	环办气候函〔2021〕492号
2022年 02月17日	关于做好全国碳市场第一个履约周期后续相关工作的通知	生态环境部	环办便函〔2022〕58号
2022年 03月15日	关于做好2022年企业温室气体排放报告管理相关重点工作的通知	生态环境部	环办气候函〔2022〕111号
2022年 06月08日	关于高效统筹疫情防控和经济社会发展调整2022年企业温室气体排放报告管理相关重点工作任务的通知	生态环境部	环办气候函〔2022〕229号
2022年 12月21日	关于印发《企业温室气体排放核算与报告指南　发电设施》《企业温室气体排放核查技术指南　发电设施》的通知	生态环境部	环办气候函〔2022〕485号

1.2.2 综合能源服务市场机遇

在碳交易市场建设的大背景下,碳新兴服务快速崛起。综合能源服务商可面向客户提供第三方碳核查、碳咨询、碳交易代理及碳金融服务,针对具有减排资源的企业,还可以提供 CCER 项目开发服务。

1. 第三方碳核查

碳核查工作流程主要包括合同签署、计划制定、核查实施、核查报告编制、内部技术评审、核查报告审批交付等步骤。碳核查工作流程如图 1-7 所示。

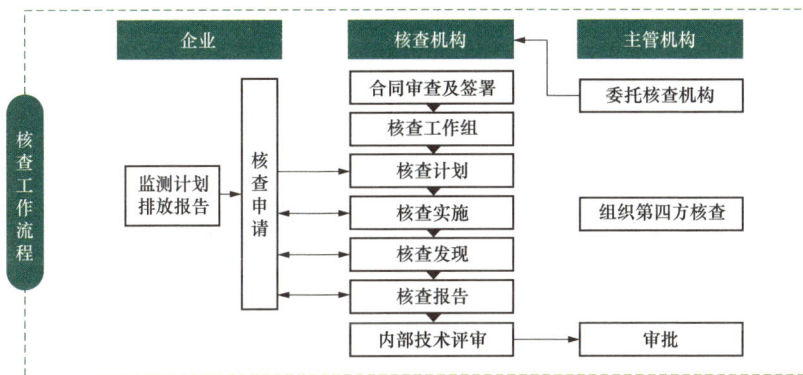

图 1-7 碳核查工作流程

第三方核查机构是根据政府要求对纳入碳市场的重点用能企业进行年度碳排放量核对、审查的法人机构,须具备一定的资格和能力。核查机构应在温室气体核查领域内具有良好的业绩和经验。核查机构不能参与任何与碳资产管理和碳交易的活动,如代重点排放单位管理配额交易账户、通过交易机构开展配额和自愿减排量的交易、提供碳资产管理和碳交易咨询服务等。第三方核查主要是政府通过公开招标集中采购,还有少数为企业自主采购服务。

2. 碳咨询服务

碳排放主体以竞谈招标或直接委托的形式,邀请综合能源服务商提供碳排放数据审核、能效检测评价、低碳培训、碳资产管理等服务。咨询单位在一定期限内按合同要求完成,根据碳排放主体具体要求,定制化提供服务,收取咨询费用,帮助企业提升碳资产管理效率,降低碳交易履约成本。

3. CCER 项目开发

CCER 项目是指对特定项目温室气体减排效果进行量化核证、登记,可用于碳排放企业的配额抵消、市场交易、金融资产运营等,在碳排放权配额履约、交易获利等方面为相关主体带来收益。

综合能源服务商与项目业主签署协议,承担 CCER 项目设计、备案和签发等工作,分享该项目产生的减排量,并将分享得到的减排量投入二级市场出售获得收入;或者按每个项目收取费用。CCER 项目开发不需要专业资质,但审定和核证需要由国家发展改革委备案的审定核证机构执行。当前 CCER 第三方审核机构包括中国质量认证中心、广州赛宝认证中心服务有限公司、中环联合(北京)认证中心有限公司、环境保护部环境保护对外合作中心等。CCER 项目开发流程如图 1-8 所示。

2017 年起,国家暂停 CCER 的备案签发,新的 CCER 项目申请处于暂停状态。鉴于目前社会呼声较高,预计 2023 年将出台新的政策,重启 CCER 项目签发。

4. 碳排放权交易代理服务

由于纳入碳交易市场的主体存在交易代理的需求,综合能源服务商可以接受其委托,寻找符合条件的碳资产买方或卖方,协助完成碳交易和碳资产转让过户,包括线上和线下交易业务,并从中赚取佣金。碳交易代理服务具有资质要求,综合能源服务商需要申请国家认可的碳交易所会员资质、国际排放贸易协会(IETA)会员资质。当前,碳排放权交易代理服务存在发展瓶颈,综合能源服务商需要同时掌握碳资产交易双方的买卖需求。

随着市场透明度增高，利润空间将被压缩，价格竞争逐渐激烈。碳排放交易代理流程如图1-9所示。

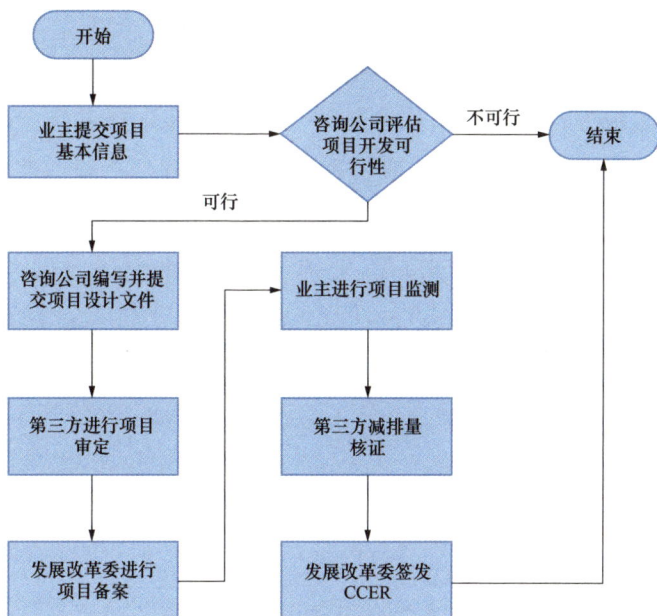

图1-8　CCER项目开发流程

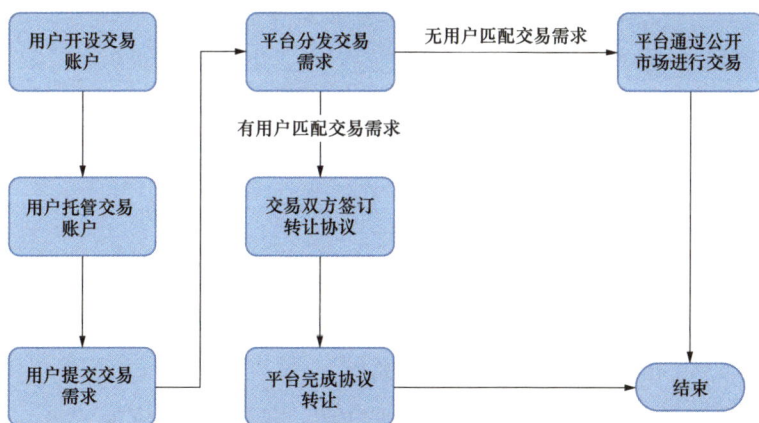

图1-9　碳排放交易代理流程

5. 碳金融服务

碳金融服务是指以减少温室气体排放为目的的各种金融和相关投融资活动，主要包括碳排放权及其衍生品的交易、机构投资者和风险投资介入的投融资活动、商业银行提供的信贷服务以及其他相关金融中介活动。

综合能源服务商与金融机构合作，可为各类客户提供碳金融工具，包括碳资产抵押质押、借碳回购、碳资产证券化/碳债券、绿色债券评估等服务，发掘企业碳资产的潜在价值，并通过上述服务收取金融服务费用。

目前，碳金融服务发展存在以下难点：①碳市场规模较小，交易品种与方式单一；②碳市场建设不完善，金融机构、重点排放单位参与度不足；③碳金融服务缺乏政策法规的约束与保护；④碳市场监管体系尚不完备，监管执行力不足；⑤碳金融产品创新能力有限，业务可复制性较差。

1.3 能耗"双控"向碳"双控"制度转变相关政策

1.3.1 政策概况及要点

2021年中央经济工作会议提出，要科学考核，新增可再生能源和原料用能不纳入能源消费总量控制，创造条件尽早实现能耗"双控"向碳排放总量和强度"双控"（简称碳"双控"）制度转变。2022年1月，国务院印发《"十四五"节能减排综合工作方案》，进一步明确各地区"十四五"时期新增可再生能源电力消费量不纳入地方能源消费总量考核。《关于进一步做好新增可再生能源消费不纳入能源消费总量控制有关工作的通知》《关于进一步做好原料用能不纳入能源消费总量控制有关工作的通知》等相继出台，明确了实施细则。党的二十大报告进一步强调完善能源消耗总量和强度调控，重点控制化石能源消费，逐步转向碳 "双控" 制度。能耗 "双控" 与碳 "双控" 制度主要政策见表 1-2。

表 1-2   能耗 "双控" 与碳 "双控" 制度相关主要政策

时间	政策名称	部门	文号
2021 年 9 月	完善能源消费强度和总量双控制度方案	国家发展改革委	发改环资〔2021〕1310 号
2021 年 12 月	"十四五" 节能减排综合工作方案	国务院	国发〔2021〕33 号
2022 年 8 月	关于进一步做好新增可再生能源消费不纳入能源消费总量控制有关工作的通知	国家发展改革委、国家统计局、国家能源局	发改运行〔2022〕1258 号
2022 年 10 月	关于进一步做好原料用能不纳入能源消费总量控制有关工作的通知	国家发展改革委、国家统计局	发改环资〔2022〕803 号

1.3.2   能耗 "双控" 与碳 "双控" 制度的异同

能耗 "双控" 是指能源消费总量和强度控制，碳 "双控" 是指碳排放总量和强度控制。能耗 "双控" 与碳 "双控" 制度都是国家通过宏观调控促进经济社会高质量发展的重要手段，相关制度的优化完善是国家治理体系和治理能力现代化的体现。能耗 "双控" 与碳 "双控" 制度既有相同点，也有不同点，其对比见表 1-3。

表 1-3　　　　能耗"双控"与碳"双控"制度对比

对比内容		能耗"双控"	碳"双控"	异同
内涵		行政考核，实行强度和总量控制		相同
要素	领域	能源	碳排放	不同
	总量指标	明确/弱约束	尚未设置	不同
	强度指标	明确/强约束	明确/强约束	相同
	数据属性	统计量，基础好	核算量，基础差	不同
	主管部门	发展改革委	尚不明确	不同
	考核对象	省级政府，层层向下传导	省级政府，不可简单层层分解	不同
调控手段	强制限停	供给侧：煤炭去产能、限停电等		相同
		消费侧：控"两高"、限停产等		相同
	市场化	交易（用能权交易为主）	交易（碳排放权交易为主）	相同
价值意义	国际气候履约	间接	直接，与"双碳"目标紧密衔接	不同
	经济社会发展	约束性强	约束性弱	不同
	能源供需调控	直接	间接，是约束条件	不同
	生态环境保护	间接	直接	不同

1. 相同点

(1) 两者均为行政考核制度设计。强度控制在于激励技术效率的提升，总量控制在于倒逼消费低碳转型和产业绿色升级，共同降低能源环境的负外部性。

(2) 调控手段主要包括强制限产类和交易类。强制限产类手段通过调控能源消费和碳排放物理量，短期快速见效；交易类手段通过调节用能权和碳排放配额的价值量，平衡供需。

2. 不同点

(1) 考核要素不同。碳"双控"直接对"碳"进行控制；考核数据为核算量，数据基础较差；考核对象为省级政府，不可简单层层分解。

(2) 价值意义不同。碳"双控"能够更好地衔接我国"双碳"目标和国际气候履约，易于在发展规划中明确阶段性控碳目标，并构建起与国际

相适应的碳治理体系；更有利于实现经济发展、能源安全与碳减排的统筹协调，从旧版能耗"双控"到现行版能耗"双控"，再到碳"双控"制度，考核范围逐步缩小，考核柔性逐步增加，排放主体可以利用非化石能源替代、碳捕集利用与封存（CCUS）、碳交易等更多手段达到考核要求；更有力地带动绿色产业发展，地方政策将向清洁能源开发、清洁能源基础设施升级、绿色服务等产业项目倾斜，并引导社会资本流向相关领域。能耗"双控"与碳"双控"制度下的考核总量如图 1-10 所示。

1.3.3　制度转变的影响分析

新增可再生能源和原料用能不纳入能源消费总量控制，更加鲜明地突出控制非原料化石能源消费的政策导向，纳入能源"双控"考核的能源消费总量大幅降低。现行升级版能耗"双控"剔除新增可再生能源和原料用能，更加聚焦化石能源消费的管控。相对于 2020 年，2025 年、2030 年和 2035 年新增可再生能源 2.6 亿、6.6 亿、10.9 亿 tce，2025 年、2030 年和 2035 年原料用能分别达 4.4 亿、5.3 亿、6.0 亿 tce。剔除新增可再生能源和原料用能之后，2025 年、2030 年和 2035 年纳入"双控"考核范围的能源消费总量大幅减少。

1. 新增可再生能源不纳入能源消费总量控制

新增可再生能源不纳入能源消费总量控制将推动可再生能源电力需求激增，进一步提升新能源开发利用水平和终端电气化水平，当前可能加大新能源消纳和供电压力。

（1）从供给侧来看，集中式和分布式新能源开发力度将进一步提升。由于新增可再生能源不再纳入能源消费总量控制，用户将加大可再生能源消费，尤其是可再生能源电力消费，主要方式包括两大类：①加强本地分布式新能源开发利用，通过开发分布式光伏、分散式风电等项目来满足终端电力需求，2022 年全国分布式光伏新增并网容量较 2021 年大幅增长了

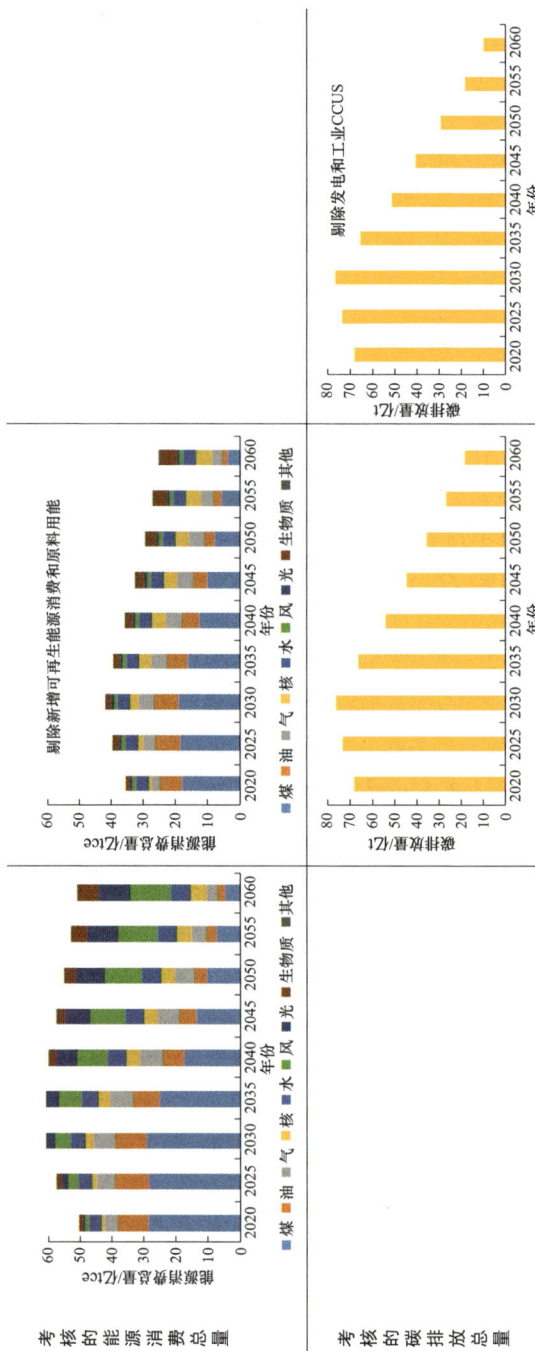

图 1-10　能耗"双控"与碳"双控"制度下的考核总量

175%；②开展绿电交易、绿证交易，通过绿色溢价反映绿电的环境价值，促进绿电消费与消纳，降低自身电力间接碳排放量，这种方式将带动集中式新能源大基地开发和电网输出通道建设。据中电联统计，2022 年绿电交易电量为 227.8 亿 kWh，市场需求持续释放。

（2）从消费侧来看，"新能源＋电能替代"模式将得到大力推广，进而推动全社会用电量和终端电气化水平持续提升。用户为了提升可再生能源电力消费，将逐步实施电能替代，"新能源＋电能替代"模式正逐步在重点领域重点行业推广，尤其是外向型出口企业。钢铁、有色、造纸、纺织等重点控排企业也将注重电气化水平的提升。建筑供暖、道路运输等领域也将加快推进电气化，带动热泵、电动汽车等产业规模持续扩大。

（3）从电网侧来看，能耗"双控"制度调整可能加剧局部阶段性电力供需紧张局面。各区域根据资源禀赋选择不同的可再生能源开发利用方式，东中部地区以分布式为主，西部地区为集中式为主。同时，国家对各省的能耗"双控"指标要求不同，东部地区"双控"一类省份较多，节能降碳潜力当前已较为有限，多倾向于选择可再生能源消费，而西部地区当前可采取的降碳方式较为多元，包括节能改造、可再生能源开发、电能替代等。整体来看，可再生能源电力跨区域输送规模将持续增大，电力系统长期、中期和日内平衡难度进一步提升。

2. 原料用能不纳入能源消费总量控制

原料用能不纳入能源消费总量控制将更客观反映能耗水平，助力石化、化工产业高质量发展，并带动相关产业发展。近年来，我国石化、化工等产业稳步发展，原料用能在我国能源消费总量中的占比持续提升。若不及时扣除原料用能，将不利于相关产业的蓬勃发展。同时，原料用能不纳入能源消费总量控制，能够更加客观地反映我国能源消费实际水平，有效增强能源消费总量管理弹性，推动能源要素向单位能耗物质产出效率更高的产业和项目倾斜。

本章小结

本章系统梳理了国家"1＋N""双碳"政策体系、碳交易政策、能耗"双控"向碳"双控"制度转变相关政策，分析其对综合能源服务重点客户、业务方向等的影响，主要结论如下。

(1) 国家"双碳"政策对综合能源服务重点领域对象和重点业务均有重要影响。工业、建筑、交通、农业等重点领域面临着来自能源和碳的更强约束，对综合能源服务的需求大幅提升。业务方面，节能提效、分布式新能源开发、电能替代、氢能利用、CCS/CCUS 等成为重点方向。

(2) 碳交易政策拓展了综合能源服务的业务范围，实现从"能"到"碳"的延伸。综合能源服务商可为客户延伸拓展的碳新兴服务包括第三方碳核查、碳咨询服务、CCER 项目开发服务、碳排放权交易代理服务、碳金融服务等。

(3) 能耗"双控"向碳"双控"制度转变将推升用户侧可再生能源电力需求。新增可再生能源不纳入能耗"双控"将推动可再生能源电力需求提高，进一步提升集中式和分布式新能源开发利用，带动"新能源＋电能替代"模式发展。

第 2 章 能 源 产 业 政 策

2.1 能 源 发 展 规 划

2.1.1 "十四五"现代能源体系规划

1. 政策概况及要点

2022 年 3 月 22 日，国家发展改革委、国家能源局印发《"十四五"现代能源体系规划》，综合能源服务被正式纳入我国的能源发展五年规划，这也是综合能源服务首次纳入五年能源规划。规划中 3 次提及综合能源服务，如图 2-1 所示。

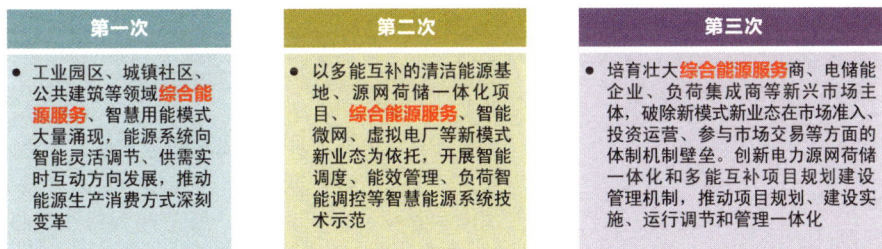

第一次	第二次	第三次
• 工业园区、城镇社区、公共建筑等领域**综合能源服务**、智慧用能模式大量涌现，能源系统向智能灵活调节、供需实时互动方向发展，推动能源生产消费方式深刻变革	• 以多能互补的清洁能源基地、源网荷储一体化项目、**综合能源服务**、智能微网、虚拟电厂等新模式新业态为依托，开展智能调度、能效管理、负荷智能调控等智慧能源系统技术示范	• 培育壮大**综合能源服务**商、电储能企业、负荷集成商等新兴市场主体，破除新模式新业态在市场准入、投资运营、参与市场交易等方面的体制机制壁垒。创新电力源网荷储一体化和多能互补项目规划建设管理机制，推动项目规划、建设实施、运行调节和管理一体化

图 2-1 《"十四五"现代能源体系规划》3 次提及综合能源服务

在规划中的现状部分，综合能源服务的价值得到高度肯定。在规划中的工作部署部分，提出要实施智慧能源示范工程，以多能互补的清洁能源基地、源网荷储一体化项目、综合能源服务、智能微网、虚拟电厂等新模式新业态为依托，开展智能调度、能效管理、负荷智能调控等智慧能源系统技术示范；要支持新模式新业态发展，着力培育壮大综合能源服务商、电储能企业、负荷集成商等新兴市场主体，破除新模式新业态在市场准入、投资运营、参与市场交易等方面的体制机制壁垒。

"十四五"作为碳达峰的关键期、窗口期，规划的出台意义重大。相较"十三五"能源规划，综合能源服务系第一次出现，并出现多次，表明了顶层设计上政府对这一方向的重视程度。

同期，北京、天津、四川等省（直辖市）"十四五"能源发展规划均提及综合能源服务，相关政策文件见表2-1。

表2-1 北京、天津、四川等省（直辖市）综合能源服务相关规划

发布时间	发布单位	政策文件	具体内容
2022年3月3日	四川省人民政府	四川省"十四五"能源发展规划	积极推动具备条件的建筑楼宇、产业园区充分利用分布式天然气、分布式新能源，实现冷热电能源就地高效利用，提升能源综合服务水平和综合能效水平
2022年3月11日	天津市发展改革委	天津市"十四五"能源发展规划	推广综合能源服务，以终端用能需求为导向，优化能源供给，从单一品类向综合能源发展，满足终端用户多元能源消费需求
2022年4月1日	北京市人民政府	北京市"十四五"能源发展规划	发挥在京大型能源企业人才技术资金等优势，全面提升参与区域能源资源开发、智慧能源系统建设、工程技术管理和综合能源服务等全产业链合作水平

2. 综合能源服务市场机遇

综合能源服务商作为市场主体的形式，首次出现在官方顶层文件中，并且要求在市场准入、参与市场交易方面破除体制机制壁垒。一方面，"十

四五"现代能源体系作为国家能源顶层规划的出台,后续必将会在分项子规划、省能源规划中提出更加落地的相关举措,届时将会衍生相关的业务机遇;另一方面,综合能源服务商作为市场主体,同时可以参与市场交易,结合当前电价改革、电力市场化改革的纵深推进,综合能源服务与售电业务绑定开展必将具有更多的机遇。

2.1.2 能源工作指导意见

1. 政策概况及要点

2021 年 4 月 19 日,国家能源局印发《2021 年能源工作指导意见》,其中提到"积极推广综合能源服务,着力加强能效管理,加快充换电基础设施建设,因地制宜推进实施电能替代,大力推进以电代煤和以电代油,有序推进以电代气,提升终端用能电气化水平。"这是首次在能源工作指导意见中明确提出推广综合能源服务。

2022 年 3 月 29 日,国家能源局印发《2022 年能源工作指导意见》,多次提到综合能源服务:①鼓励煤电企业向"发电+"综合能源服务型企业和多能互补企业转型。②积极发展能源新产业新模式。大力发展综合能源服务,推动节能提效、降本降碳。③统筹兼顾和综合利用源网荷储各类主体的调节能力,规划建设一批源网荷储一体化和多能互补项目。④优化涉企服务,打通堵点,为分布式发电就近交易、微电网、综合能源服务等新产业新业态新模式发展创造良好环境。

相较 2021 年的能源工作指导意见,2022 年在综合能源服务方面做到了沿承,并强调了综合能源服务在节能提效方面的重要作用。2021—2022 年能源工作指导意见中有关综合能源服务的表述如图 2-2 所示。

2. 综合能源服务市场机遇

2022 年能源工作指导意见在以下 3 个方面为综合能源服务带来业务机遇。

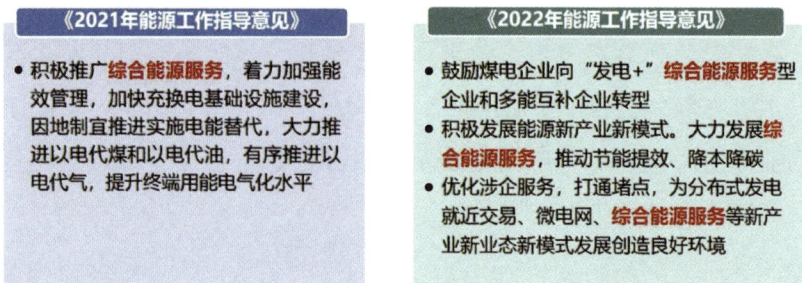

图 2-2　2021—2022 年能源工作指导意见中关于综合能源服务的表述

（1）鼓励发电企业向综合能源服务企业转型。发电企业掌握分布式电源类建设运营资质及技术，将在综合能源系统建设上发挥重要作用，并将积极布局售电业务。

（2）源网荷储、多能互补仍是政府推进的重点，因此，涵盖电热冷气多种能源、源网荷储全环节的微能网、微电网、综合能源等项目，仍是产业界可以创新拓展、试点示范的方向。

（3）结合当前"双碳"重大政策机遇，碳计量、碳核算、碳减排项目实施等服务将成为综合能源服务的重要业务板块。

2.2　重 点 产 业 政 策

在"双碳"目标指引下，新型电力系统建设加快推进。能源消费侧作为我国实现"双碳"目标的主战场，与源侧、网侧之间协同互动将更加深入、广泛，成为建设新型电力系统和新型能源体系的重要组成部分。本节立足新型电力系统和新型能源体系背景，把握能源消费侧有源化、低碳化、互动化发展趋势，重点从分布式光伏、储能、电力需求响应、电能替代、源网荷储一体化等方面介绍相关能源产业政策。

2.2.1 节能产业政策

1. 政策概况及要点

节能降碳增效行动是"碳达峰十大行动"之一。2021 年以来，在碳达峰碳中和顶层设计的指引下，节约能源、提高能效成为工业、建筑等领域降碳的重要路径，国家围绕节能领域出台了大量政策，见表 2-2。

表 2-2　　　　　　　　节 能 相 关 政 策

时间	政策名称	部门	文号
2021 年 2 月	关于加快建立健全绿色低碳循环发展经济体系的指导意见	国务院	国发〔2021〕4 号
2021 年 6 月	"十四五"公共机构节约能源资源工作规划	国家机关事务管理局、国家发展改革委	国管节能〔2021〕195 号
2021 年 7 月	"十四五"循环经济发展规划	国家发展改革委	发改环资〔2021〕969 号
2021 年 9 月	完善能源消费强度和总量双控制度方案	国家发展改革委	发改环资〔2021〕1310 号
2021 年 10 月	关于严格能效约束推动重点领域节能降碳的若干意见	国家发展改革委等	发改产业〔2021〕1464 号
2021 年 11 月	"十四五"工业绿色发展规划	工业和信息化部	工信部规〔2021〕178 号
2022 年 1 月	"十四五"节能减排综合工作方案	国务院	国发〔2021〕33 号
2022 年 2 月	高耗能行业重点领域节能降碳改造升级实施指南（2022 年版）	国家发展改革委等	发改产业〔2022〕200 号
2022 年 3 月	"十四五"建筑节能与绿色建筑发展规划	住房城乡建设部	建标〔2022〕24 号
2022 年 6 月	工业能效提升行动计划	工业和信息化部等	工信部联节〔2022〕76 号

总的来看，目前出台的节能政策具有如下特点：

一是完善节能降耗制度。《完善能源消费强度和总量双控制度方案》对我国如何在"双碳"目标下推进节能降耗作出了制度性安排，尤其明确提出了加强重点企业能耗"双控"完成情况考核、超出最低可再生能源电力消纳责任权重的消纳量不纳入能效消费总量考核等具体举措。

二是强调重点领域节能提效。《"十四五"节能减排综合工作方案》等文件均高度关注工业、建筑、交通、园区等重点领域节能提效，工业领域针对钢铁、石化、化工、有色、建材、纺织等行业，加快工艺流程的节能化改造，推广先进技术；建筑领域推进既有建筑节能改造、建筑光伏一体化建设，实施建筑供暖、供冷等能源供应环节高效化改造；交通领域有序推进充换电、港口机场岸电等基础设施建设；园区领域推进供热、供电等基础设施共建共享。《关于严格能效约束推动重点领域节能降碳的若干意见》《高耗能行业重点领域节能降碳改造升级实施指南（2022 年版）》等文件进一步明确了重点领域的能效基准、标杆水平以及推荐方案等，为重点领域节能提效提供了量化约束和具体实践路径。

三是注重能源资源综合利用。《"十四五"节能减排综合工作方案》《"十四五"公共机构节约能源资源工作规划》《"十四五"建筑节能与绿色建筑发展规划》《关于印发工业能效提升行动计划的通知》等文件均将能源资源综合利用作为促进节能提效的重要抓手。在技术方面，将建设电、热、冷、气等多种能源协同互济的综合能源项目作为要点；在模式方面，推动合同能源管理等方式实施能源解决方案，提升综合利用效率。

2. 相关业务机遇

双碳政策、能源双控政策为节能服务业务，尤其是工业、建筑、园区等重点领域节能业务带来发展新热潮。

一是工业领域关注重点用能设备和系统节能改造。面向钢铁、建材、化工等高耗能企业和机械、电子、纺织等制造企业，以"设备节能改造＋系统节能"推动产能达到标杆水平成为工业领域节能提效重点方向，相关节能服务业务包括余热余压余气利用、电机改造、空压机改造、锅炉富氧燃烧等。

二是建筑领域关注用能系统节能改造和能效智能管理。公共建筑日益成为建筑节能提效关键着力点，节能提效技术路线既强调通用用能系统的节能改造升级，也强调以能耗监测、设备智能控制等方式实现建筑能效的智慧优化、管理。面向办公楼、医院、学校等，提供中央空调系统节能改造、供暖系统节能改造、楼宇用能优化等业务，具有发展前景。

三是园区领域重点关注能源基础设施共建共享和能源综合梯级利用。园区节能提效重在利用好园区内各主体间用能品类、用能需求的协同共享和互补互济，因此面向各类园区开发区域能源站、多能互补利用、能源梯级利用等业务有望成为高价值业务方向。

2.2.2　分布式光伏政策

1. 政策概况及要点

2021 年以来，国家发展改革委、国家能源局等部委加快推动分布式光伏发展，相继出台了多项支撑政策。各级政府积极响应国家要求，纷纷加快了地方分布式光伏产业化发展布局，相应支撑政策密集出台。2021 年以来关于分布式光伏开发的相关政策见表 2-3。

表 2-3　　　　　　　关于分布式光伏相关产业政策

时间	政策名称	部门	文号
2021 年 3 月	关于引导加大金融支持力度促进风电和光伏发电等行业健康有序发展的通知	国家发展改革委、国家财政部、中国人民银行、银保监会、国家能源局	发改运行〔2021〕266 号
2021 年 5 月	关于 2021 年可再生能源电力消纳责任权重及有关事项的通知	国家发展改革委	发改能源〔2021〕704 号

续表

时间	政策名称	部门	文号
2021年5月	关于2021年风电、光伏发电开发建设有关事项的通知	国家能源局	国能发新能〔2021〕25号
2021年6月	关于报送整县（市、区）屋顶分布式光伏开发试点方案的通知	国家能源局综合司	—
2021年6月	关于2021年新能源上网电价政策有关事项的通知	国家发展改革委	发改办运行〔2021〕833号
2021年7月	关于鼓励可再生能源发电企业自建或购买调峰能力增加并网规模的通知	国家发展改革委	发改运行〔2021〕1138号
2022年5月	关于促进新时代新能源高质量发展实施方案的通知	国务院	国办函〔2022〕39号
2022年11月	关于积极推动新能源发电项目应并尽并、能并早并有关工作的通知	国家能源局综合司	—

总体来看，目前已出台的分布式光伏相关政策着重关注价格补贴、交易机制、并网消纳、开发模式等方面。

(1) 价格补贴方面，持续推进"平价上网"。2021年起，中央财政不再对工商业分布式项目进行补贴，实行平价上网。但对户用光伏仍有少量补贴支持，国家财政补贴预算为5亿元。

(2) 交易机制方面，鼓励参与市场交易。国家层面，国家能源局在《关于报送整县（市、区）屋顶分布式光伏开发试点方案的通知》中强调"鼓励试点地区按相关政策要求开展分布式发电市场化交易"；地方层面，辽宁、新疆、广西、湖南等省（自治区）均出台相关政策，鼓励、支持分布式光伏参与市场交易。

(3) 并网消纳方面，持续推动配网改造、简化接网流程、加强接网工程建设。国家能源局在《关于积极推动新能源发电项目应并尽并、能并早

并有关工作的通知》中要求各电网企业在确保电网安全稳定、电力有序供应前提下，按照"应并尽并、能并早并"原则，对具备并网条件的风电、光伏发电项目，切实采取有效措施，保障及时并网。

（4）开发模式方面，鼓励采用光伏＋储能、微电网等模式提升分布式光伏就地消纳水平。国家层面，国家能源局要求在确保安全的前提下，鼓励有条件的户用光伏项目配备储能，同时强调市场化并网项目需要落实的并网条件包括配套新型储能等灵活调节能力；地方层面，江苏、山东、天津、福建等省份均鼓励分布式光伏项目配置储能，提升就地消纳水平。

2. 综合能源服务市场机遇

在新型电力系统规划建设背景下，电源"下沉式"发展成为大势所趋，分布式光伏有望成为我国新增光伏装机主体，进一步结合相关政策，分布式光伏产业发展将会在以下几方面迎来机遇。

（1）公共建筑屋顶光伏有望成为分布式光伏业务的"价值高地"。在各级政府高度重视分布式光伏发展背景下，公共建筑成为政府推动分布式光伏项目落地的重点，特别是其中的党政机关办公楼、学校、医院等公共机构，已经成为综合能源服务商分布式光伏业务的热点场景。

（2）在电价水平持续提高和鼓励低碳发展的背景下，工商业分布式光伏迎来大量机遇。随着煤价上涨、电价市场化改革的纵深推进，工商业电价有所增长，企业愈发关注用电成本。同时随着能耗双控相关政策的出台，企业倾向于安装分布式光伏自发自用，提高可再生能源电力消费，围绕分布式光伏的 EPC 业务将成为主流。

（3）"分布式光伏＋储能"一体化服务成为分布式光伏业务亟待突破的瓶颈和未来重要增长点。各级政府鼓励甚至要求通过配置储能提升分布式光伏消纳水平，但目前技术经济性较差，"分布式光伏＋储能"一体化开发、利用的市场需求较少。综合能源服务商在拓展分布式光伏项目的同时，也将进一步配套提供储能建设运营、共享储能租赁等服务，寻找新的商业模式。

(4) 分布式光伏运维服务的市场机遇将逐步释放。在分布式光伏项目爆发式增长的同时，如何实现优质的项目运维也开始引起光伏产业界高度重视。但分布式光伏项目运维需要较高的技术水平，大部分企业不具有各相应的实现能力，专业化的分布式光伏监测、运维服务潜力巨大。

2.2.3 储能政策

1. 政策概况及要点

随着新型电力系统规划建设、新能源跨越式发展，国家提出储能配置要求，从而衍生出旺盛的储能市场需求，推动新型储能发展成为我国能源产业政策的关注重点。

2020 年以来，国家发展改革委、国家能源局等部门已印发了多项储能相关政策，其中最为重要的就是《关于加快推进新型储能发展的指导意见》（发改能源规〔2021〕1051 号，以下简称"1051 号文"）和《"十四五"新型储能发展实施方案》（发改能源〔2022〕209 号，以下简称"209 号文"）。1051 号文和 209 号文作为我国对新型储能的专项政策，明确了"十四五"时期新型储能发展目标，部署了推动新型储能规模化、产业化和市场化发展的重点任务。2021 年以来，我国关于储能的重要政策如表 2-4 所示。

表 2-4　　　　　　　　储能相关产业政策

时间	政策名称	部门	文号
2021 年 2 月	关于推进电力源网荷储一体化和多能互补发展的指导意见	国家发展改革委、国家能源局	发改能源〔2021〕280 号
2021 年 7 月	关于加快推动新型储能发展的指导意见	国家发展改革委	发改能源规〔2021〕1051 号
2021 年 12 月	电力辅助服务管理办法	国家能源局	国能发监管规〔2021〕61 号

续表

时间	政策名称	部门	文号
2022 年 1 月	"十四五"新型储能发展实施方案	国家发展改革委、国家能源局	发改能源〔2022〕209 号
2022 年 6 月	关于进一步推动新型储能参与电力市场和调度运用的通知	国家发展改革委、国家能源局	发改办运行〔2022〕475 号

总体来看，目前出台的储能政策具有如下特点。

(1) 强调以示范引领带动产业发展。1051 号文、209 号文等政策针对新型储能在各类应用场景、不同时间尺度下的技术路线，按照"稳步推进、分批实施"原则，积极推动先进储能技术试点示范，促进成本下降。同时，鼓励各地坚持"示范先行"原则，积极开展新型储能技术创新、健全市场体系和政策机制方面工作，旨在通过示范应用带动技术进步和产业升级并推动完善储能上下游产业链条。

(2) 强调储能与电力系统源、网、荷全环节合理布局，促进规模化发展。在电源侧，加快推动系统友好型新能源电站建设，以新型储能支撑高比例可再生能源基地外送、促进沙漠戈壁荒漠大型风电光伏基地和大规模海上风电开发消纳；在电网侧，因地制宜发展新型储能，在关键节点配置储能提高大电网安全稳定运行水平，在站址走廊资源紧张地区延缓和替代输变电设施投资，在电网薄弱区域增强供电保障能力；在负荷侧，灵活多样地配置新型储能，支撑分布式供能系统建设、为用户提供定制化用能服务、提升用户灵活调节能力。

(3) 强调以市场建设和商业模式创新带动市场化发展。209 号文、《电力辅助服务管理办法》等政策将破除新型储能市场化发展的体制障碍放在重要位置，尤其强调要明确新型储能独立市场主体地位，推动新型储能参与各类电力市场，完善与新型储能相适应的电力市场机制。同时，209 号文等强调拓展新型储能商业模式，探索共享储能、云储能、储能聚合等商业模式应用，聚焦系统价值、挖掘商业价值，创新投资运营模式，引导社会资本积极投资建设新型储能项目。

2. 综合能源服务市场机遇

（1）政策推动用户侧储能的规模化发展，结合分布式电源快速发展的大趋势，配置储能在经济性以及满足系统运行要求方面都将产生相关价值，成为综合能源服务需重点关注的业务领域。

（2）政策明确储能独立的市场主体定位以及辅助服务提供方的技术定位，为各类型储能参与市场交易扫清了障碍。随着现货市场、辅助服务市场的建立健全，用户侧储能将成为负荷聚合、虚拟电厂的重要元素，参与市场，迎来更好的市场机遇。

（3）政策明确储能产业当前还处于增长初期，在成本、技术、市场等方面还需要"试点示范先行"，各省陆续会规划一批储能示范项目，也将产生一定的项目建设需求。

2.2.4　电力需求响应政策

1. 政策概况及要点

"双碳"目标提出后，新型电力系统加快构建，由于电源侧波动性提升，电力系统安全高效运行受到关注，亟须挖掘电力需求侧资源，提升灵活性调节能力，源荷互动将成为常态。通过需求响应引导用户调整用电需求并参与各类市场已成为用户侧资源参与互动的主要途径。

我国 2010 年颁布第一版《电力需求侧管理办法》，2017 年对该办法进行了修订，对需求响应提出了一系列要求，包括明确提出"推动将需求响应资源纳入电力市场"。近两年，考虑到电力供需紧张形势，各省市纷纷出台需求响应实施方案、细则等，对虚拟电厂建设亦开展先行先试。

"双碳"政策之一《关于完善能源绿色低碳转型体制机制和政策措施的意见》，也提出"完善电力需求响应机制，推动电力需求响应市场化建设，推动将需求侧可调节资源纳入电力电量平衡，支持负荷聚合商、虚拟电厂运营商、综合能源服务商等参与电力市场交易和系统运行调节"。电力需求响应相关重要产业政策见表 2-5。

表 2-5　　　　　　　　　　电力需求响应相关产业政策

时间	政策名称	部门	文号
2017 年 9 月	电力需求侧管理办法（修订版）	国家发展改革委、工业和信息化部、财政部、住房城乡建设部、国务院国资委、国家能源局	发改运行规〔2017〕1690 号
2021 年 12 月	电力辅助服务管理办法	国家能源局	国能发监管规〔2021〕61 号
2022 年 4 月	广东省市场化需求响应实施细则（试行）	广东能源局、南方能监办	广东交易〔2022〕54 号
2022 年 5 月	福建省电力需求响应实施方案（试行）	福建省发展改革委	闽发改规〔2022〕5 号
2022 年 6 月	虚拟电厂建设与运营管理实施方案	山西省能源局	晋能源规〔2022〕1 号

总体来看，目前出台的电力需求响应政策具有如下要点。

(1) 加快推进市场化，提升需求响应的覆盖面。江苏省在 2018 年国庆期间的需求响应中首次采用了竞价模式，由计划参与的负荷集成商及用户自主申报参与的负荷量和所需激励价格。此后，广东、山东、上海等地也开展了需求侧竞价模式的尝试，需求响应市场化程度有所提升。运行机制由激励补贴向市场化机制方向发展。由政府主导、用户被动参与转变为市场引导、用户主动响应，将会产生容量辅助服务、需求侧竞标等实施机制。

(2) 注重引导先进模式，促进需求侧资源开发。国家、省级需求响应

政策中均提出了通过虚拟电厂、综合能源服务、负荷聚合等新业态新模式促进需求侧资源的开发利用，支持负荷聚合商、虚拟电厂运营商、综合能源服务商等参与电力市场交易和系统运行调节。山西省能源局颁布《虚拟电厂建设与运营管理实施方案》专门就虚拟电厂这一新兴业态作出指导。

2. 综合能源服务市场机遇

(1) "十四五"时期，预计电力供需形势持续处于紧平衡状态，加之电力市场化快速发展，需求响应代理业务存在一定市场规模，综合能源服务商基于原有业务，接入多元化用户、可控电源、可调节负荷等，可以延伸开展需求响应代理服务，赚取需求响应补贴，与用户分成，实现双赢。湖北省7—8月份参与需求响应用户 55449 户次，累计调整负荷约 3766 万 kW，累计发生需求侧响应资金约 7 亿元。

(2) 负荷聚合商、虚拟电厂等新兴业态模式被政策和产业认可，为充分挖掘用户侧可调节资源、降低电力尖峰负荷和峰谷差，需求响应市场机制不断完善，市场参与主体增多，参与门槛降低，这将进一步激发市场活力，带来新的增长空间。

2.2.5　电能替代政策

1. 政策概况及要点

科学有序推进电能替代，在终端能源消费环节实施以电代煤、以电代油等，有利于提升终端用能清洁化、低碳化水平，促进清洁能源消纳，助力实现"双碳"目标，因此国家自 2016 年开始陆续出台相关政策推进重点领域电能替代。

2022 年 3 月国家发展改革委等十部委联合印发《关于进一步推进电能替代的指导意见》（以下简称《指导意见》），对工业、交通、建筑、农业农村等各领域电气化重点举措均进行了明确部署，并明确提出鼓励"电能替代＋综合能源服务"的发展模式。

(1) 通过开展综合能源服务以市场化方式推进电能替代成为发展方向。《指导意见》中多处提及综合能源服务相关内容，提出推进"电能替代＋综合能源服务"，鼓励综合能源服务公司搭建数字化平台，提供综合能量管理服务。

(2) 交通领域电气化成为发力重点。 随着电动汽车产业基础条件、市场规模的快速提升，电动汽车成为重要的发展领域，同时伴随着生态环境保护的重要性愈发突出，长江等重点水域的港口岸电建设以及电动船舶的推广也成为重点领域。

(3) 工业、建筑等领域电气化强调引导以电为中心的多能耦合供应服务。《指导意见》中提出推广电热泵、电锅炉、电采暖等电气化冷热联供技术，推进多能高效互补利用，倡导建设微网等一体化融合功能技术。

2. 综合能源服务市场机遇

(1)"电能替代＋综合能源服务"模式将得到推广，通过电气化改造、数字化平台搭建、综合能量管理等，继续衍生相关业务。

(2) 随着电动汽车产业的蓬勃发展，充换电设施运营服务将迎来市场机遇，可考虑建设运营充电桩、换电站、综合能源站、港口岸电等业务。

(3) 围绕建筑、工业的多元化用能需求，推动电制冷热技术经济性提升，开展以电为中心的综合能源服务将有更加广阔的市场。

2.2.6　源网荷储一体化政策

除了分布式光伏、储能等细分业务政策外，还有一些相对综合性的专项政策对综合能源服务产生明显的带动作用，其中相关性较强的主要是国家发展改革委、国家能源局于 2021 年出台的《关于推进电力源网荷储一体化和多能互补发展的指导意见》。

1. 政策概况及要点

(1) 源网荷储一体化的组成。 该政策主要强调能源系统生产侧的"多能互补"，以及能源系统消费侧的源网荷储一体化，其中与综合能源服务衔

接紧密的为源网荷储一体化部分，包括3种类型的一体化。

1）区域（省）级源网荷储一体化。依托区域（省）级电力辅助服务、中长期和现货市场等体系建设，公平无歧视引入电源侧、负荷侧、独立电储能等市场主体，全面放开市场化交易，通过价格信号引导各类市场主体灵活调节、多向互动，推动建立市场化交易用户参与承担辅助服务的市场交易机制，培育用户负荷管理能力，提高用户侧调峰积极性。依托5G等现代信息通信及智能化技术，加强全网统一调度，研究建立源网荷储灵活高效互动的电力运行与市场体系，充分发挥区域电网的调节作用，落实电源、电力用户、储能、虚拟电厂参与市场机制。

2）市（县）级源网荷储一体化。在重点城市开展源网荷储一体化，加强局部电网建设，梳理城市重要负荷，研究局部电网结构加强方案，提出保障电源以及自备应急电源配置方案。结合清洁取暖和清洁能源消纳工作开展市（县）级源网荷储一体化示范，研究热电联产机组、新能源电站、灵活运行电热负荷一体化运营方案。

3）园区（居民区）级源网荷储一体化。以现代信息通信、大数据、人工智能、储能等新技术为依托，运用"互联网＋"新模式，调动负荷侧调节响应能力。在城市商业区、综合体、居民区，依托光伏发电、并网型微电网和充电基础设施等，开展分布式发电与电动汽车（用户储能）灵活充放电相结合的园区（居民区）级源网荷储一体化建设。在工业负荷大、新能源条件好的地区，支持分布式电源开发建设和就近接入消纳，结合增量配电网等工作，开展源网荷储一体化绿色供电园区建设。研究源网荷储综合优化配置方案，提高系统平衡能力。

(2) 源网荷储一体化的特点。总体来看，源网荷储一体化主要强调在物理系统上将分布式电源与电动汽车、用户侧储能等灵活性负荷统筹考虑，通过市场化手段引导各类型主体灵活互动，以此来促进运行效率的提升。源网荷储一体化具有以下特点。

1）涵盖省、市县和园区3个层次，在各层级覆盖的主体范围和重点不尽

相同。省级强调市场引导下多元主体的统一调度，主要是挖掘负荷侧资源作用；县级层面主要是加强局部电网建设，并推动电热耦合互补；园区层面则是依托分布式电源、储能等形成微电网，充分提升分布式电源自消纳水平。

2）政策强调通过配套市场机制，利用"互联网＋"等手段提升负荷侧调节响应能力。

3）通过源网荷储一体化运行，提升能源资源利用效率和可再生能源消纳水平，包括支持电—热耦合背景下的源荷一体化运营、推动园区的源网荷储综合优化配置等。

2. 综合能源服务市场机遇

源网荷储一体化专项政策的出台给微电网建设运营、电力需求响应、综合能源系统建设运营等业务带来发展契机。

(1)微电网建设运营方面。园区级源网荷储一体化从本质上推动了微电网的建设运营。微电网是源网荷储兼备的系统，符合一体化发展的要求，在城市商业区、综合体、工商业园区等前景具有较好的应用。

(2)电力需求响应方面。源网荷储一体化发展的核心在于需求侧资源开发利用。政策提出，通过市场机制引导、信息化手段，促进负荷侧资源发挥作用，实现灵活互动。

(3)综合能源系统建设运营方面。电、热、冷、气多能耦合的综合能源系统建设运营会通过多能互补促进源网荷储一体化发展，提升能源利用效率，促进可再生能源消纳。

2.3 支撑保障类政策

综合能源服务作为能源消费侧服务的一种新模式、新业态，其发展壮大除需要涉及核心业务板块的能源发展规划、产业政策外，还需要财税、投资、人才等政策予以支撑和保障。

2.3.1 财税类政策

我国围绕节能减排、新能源等业务相继出台了相关财税类政策，从税收减免、财政补贴等方面对综合能源服务的发展提供切实支持。近年来，影响综合能源服务的有关财税类政策见表 2-6。

表 2-6 影响综合能源服务的有关财税类政策

时间	政策名称	部门	文号
2010 年 2 月	合同能源管理项目财政奖励资金管理暂行办法	财政部	财建〔2010〕249 号
2010 年 12 月	关于促进节能服务产业发展增值税、营业税和企业所得税政策问题的通知	财政部、国家税务总局	财税〔2010〕110 号
2020 年 1 月	可再生能源电价附加资金管理办法	财政部等	财建〔2020〕5 号
2020 年 5 月	关于营造更好发展环境支持民营节能环保企业健康发展的实施意见	国家发展改革委等六部门	发改环资〔2020〕790 号
2020 年 10 月	关于提前下达 2021 年节能减排补助资金预算（第一批）的通知	财政部	财建〔2020〕473 号
2021 年 4 月	关于加快建立健全绿色低碳循环发展经济体系的指导意见	国务院	国发〔2021〕4 号

续表

时间	政策名称	部门	文号
2021 年 5 月	关于 2021 年风电、光伏发电开发建设有关事项的通知	国家能源局	国能发新能〔2021〕25 号
2021 年 5 月	污染治理和节能减碳中央预算内投资专项管理办法	国家发展改革委	发改环资规〔2021〕655 号
2021 年 12 月	环境保护、节能节水项目企业所得税优惠目录(2021 年版)、资源综合利用企业所得税优惠目录(2021 年版)	财政部、国家税务总局、国家发展改革委、生态环境部	财政部、国家税务总局、国家发展改革委、生态环境部公告2021 年第 36 号
2022 年 5 月	支持绿色发展税费优惠政策指引	国家税务总局	—

表 2-6 中政策的要点以及对综合能源服务的影响如下。

(1) 长期支持合同能源管理模式发展,从 2010 年首次颁布专项财政激励资金管理办法、提出"增值税、营业税暂免、企业所得税'三免三减半'"之后,对其一直保持持续性的激励。

(2) 随着光伏、风电等平价上网时代的到来,分布式光伏项目的政府补贴持续减少,2022 年国家补贴退出,地方政策补贴接力,未来依赖补贴获取收益的预期持续降低,务必拓展新的商业模式才能保持业务盈利性。

(3) 资源综合利用企业、环保节能节水企业所得税优惠目录中,对于实施余热余压利用、热泵、生物质发电等业务的企业具有税收减免的举措,推动了相关业务发展。

2.3.2　投资类政策

随着综合能源服务产业的发展步入快车道，资金需求激增。投资类政策主要是绿色金融相关政策，这类政策重点从低息信贷、产业投资基金、绿色金融保险等角度来为综合能源服务提供资金支持。影响综合能源服务的有关投资类政策见表 2-7。

表 2-7　　　　　　影响综合能源服务的有关投资类政策

时间	政策名称	部门	文号
2016 年 8 月	关于构建绿色金融体系的指导意见	中国人民银行、财政部	银发〔2016〕228 号
2021 年 2 月	关于加快建立健全绿色低碳循环发展经济体系的指导意见	国务院	国发〔2021〕4 号
2021 年 3 月	关于引导加大金融支持力度促进风电和光伏发电等行业健康有序发展的通知	国家发展改革委	发改运行〔2021〕266 号
2021 年 9 月	关于银行业、保险业发展绿色金融助力碳达峰碳中和目标实现的指导意见	河北省银保监局	廊银保监规〔2022〕1 号
2021 年 9 月	关于大力发展绿色金融指导意见的通知	江苏省人民政府办公厅	苏政办发〔2021〕80 号

表 2-7 中政策的要点及对综合能源服务的影响如下。

(1) 项目支持。综合能源服务所从事的大部分业务是属于促进绿色发展范畴的，投资类政策对于这些企业或项目的低成本融资会产生切实推动作用。

(2) 研发投入。投资类政策鼓励对技术创新进行持续性投入，推动综合能源服务商进一步提升自身的技术水平，满足更高的绿色发展要求。

2.3.3　人才类政策

2022 年 6 月 14 日，国家人力资源社会保障部发布《关于对拟发布机器人工程技术人员等职业信息进行公示的公告》，明确将综合能源服务员作为新职业之一，成为我国综合能源服务领域最重要的人才类支持政策。

根据新职业目录，综合能源服务员定义为从事客户用能情况诊断，综合能源方案策划，并组织实施和运维管理的人员。

综合能源服务员的主要工作任务包括：①分析、预测、开发综合能源市场；②对接客户，梳理客户能源使用需求，使用能效诊断技术分析客户用能效率等情况；③调查客户项目外部能源环境；④分析项目的内外部情况及冷、热、电、气等多种能源供应、使用以及能效等状况，策划、制订综合能源利用节能降耗方案；⑤按客户委托，进行项目工程建设的启动、计划、组织、执行、控制管理，验收新投入和检修后的设备；⑥巡视、检查、维护综合能源系统及其附属设备，处理设备异常及故障，填写运行日志和技术记录。

本章小结

本章系统梳理了能源发展规划、产业政策以及支撑保障类政策，分析了对综合能源服务重点客户类型、业务发展方向、人财物保障等的影响，得到主要结论如下。

(1)《"十四五"现代能源体系规划》《2022 年能源工作指导意见》等国家级政策多次提及综合能源服务，明确了综合能源服务商市场主体地位，提出推动发电企业向综合能源服务企业转型、加快推进多能互补类项目试点等明确举措。

(2)"双碳"目标实现、新型电力系统建设等大背景下，分布式光伏、

储能、电力需求响应、电能替代等产业政策密集出台，为相关细分业务带来较好的市场机遇。

（3）源网荷储一体化专项政策的出台将推动微电网建设运营、电力需求响应、综合能源系统建设运营等业务发展。

（4）综合能源服务发展离不开财税、投资、人才等领域的支撑保障。财税类政策主要从税收减免、财政补贴的角度来对综合能源服务的发展提供切实支持；投资类政策主要从低息信贷、产业投资基金、绿色金融保险等角度来为相关业务的发展注入资金；人才类政策方面，人力资源社会保障部明确将综合能源服务员纳入目录，并给出了具体的工作任务。

第3章　能源市场化改革政策

3.1　能源体制机制政策

3.1.1　政策概况

2020年以来，我国能源体制机制改革持续深化，多项改革政策相继出台，其中最为重要的政策之一是《关于完善能源绿色低碳转型体制机制和政策措施的意见》（发改能源〔2022〕206号，以下简称"206号文"）。206号文是在我国积极稳妥推进"双碳"背景下出台的关于能源体制机制改革的最新政策，是"双碳"政策体系中的重要支撑保障方案之一，为科学有序推动"双碳"目标如期实现和能源绿色低碳转型提供了制度保障。

3.1.2　政策要点

206号文在绿色能源消费的制度和政策体系、绿色低碳为导向的能源开发利用机制、新型电力系统建设和运行机制等10个方面阐明了能源绿色低碳转型背景下我国能源体制机制改革的发展方向，其中与综合能源服务密切相关的政策要点主要包括以下3个方面。

1. 明确提出探索建立区域综合能源服务机制

打破传统"竖井式"能源发展模式，推动多种能源品种协同互补运行、

联合生产经营，是释放综合能源服务发展潜力的核心要素之一。

206号文提出了"探索同一市场主体运营集供电、供热（供冷）、供气为一体的多能互补、多能联供区域综合能源系统，鼓励地方采取招标等竞争性方式选择区域综合能源服务投资经营主体"；明确了综合能源服务商作为区域多能互补能源系统投资建设和生产运营的市场主体地位，有助于在能源终端打破"竖井式"模式壁垒，为综合能源服务带注入了新的发展动能。

206号文还提出"鼓励提升智慧能源协同服务水平，强化共性技术的平台化服务及商业模式创新，充分依托已有设施，在确保能源数据信息安全的前提下，加强数据资源开放共享。"这指出了综合能源服务模式的创新方向，以能源数字化技术和能源数据安全共享为支撑的平台模式有望成为支持重点。

2. 明确提出健全适应新型电力系统的市场机制

市场和价格机制是释放综合能源服务发展潜力的另一核心要素。

206号文提出了"支持微电网、分布式电源、储能和负荷聚合商等新兴市场主体独立参与电力交易""完善支持分布式发电市场化交易的价格政策及市场规则""完善支持储能应用的电价政策"等一系列有利于可再生能源优先利用的电力市场运行机制和电力交易机制，这为综合能源服务商以独立市场主体参与新能源市场化交易奠定了制度基础，同时分布式发电、储能市场和价格机制的完善也将为综合能源服务创造新的收益空间。

3. 明确提出完善电力需求响应机制

新型电力系统背景下，如何以综合能源服务方式聚合用户侧各类灵活性资源这一问题备受关注。206号文提出了"支持用户侧储能、电动汽车充电设施、分布式发电等用户侧可调节资源，以及负荷聚合商、虚拟电厂运营商、综合能源服务商等参与电力市场交易和系统运行调节""加快推进需求响应市场化建设，探索建立以市场为主的需求响应补偿机制"，进一步指出了综合能源服务商参与需求响应的模式和收益方式。

3.1.3　政策影响分析

能源绿色低碳转型体制机制改革的推进，以及相关配套支持政策的出台实施，将为综合能源服务带来新的发展机遇，主要表现在以下两个方面。

1. 综合能源服务的主体属性更多元

综合能源服务商将成为区域综合能源系统的投资运营主体、电力市场的参与主体和能源服务的提供主体。

206 号文明确了综合能源服务商的市场主体定位。首先，综合能源服务商是区域综合能源系统的投资运营主体，负责投资、建设、运营集分布式新能源、供电供热供气、储能为一体的多能互补、多能联供的区域综合能源系统；其次，综合能源服务商可以依托区域综合能源系统，为区域内用户提供各类能源服务，并参与电力市场交易，成为能源服务的提供主体和电力市场的参与主体。

2. 市场交易类业务成为重要拓展方向

206 号文对绿色能源消费促进机制、新型电力系统市场机制以及电力需求响应机制等的改革创新方向作出了具体阐述，也为综合能源服务商基于原有物理系统建设拓展交易运营类业务提供了发展机会。

3.2　电力市场化改革政策

3.2.1　政策概况

自 2015 年《关于进一步深化电力体制改革的若干意见》（中发〔2015〕

9 号）及其配套文件印发以来，我国电力市场建设稳步有序推进，在市场机制建设、市场主体参与、市场价格形成、交易机构组建等方面取得了一定进展。但随着我国"双碳"工作深入推进，能源绿色低碳转型加速，能源电力供给结构和供需形势发生明显变化，电力市场建设呈现约束条件和目标多元化的趋势，亟需进一步完善，以发挥电力市场对能源转型和"双碳"目标的支撑作用。2020 年以来，我国相继出台了 10 余项电力市场化改革政策，政策内容涉及电力市场设计、市场参与主体、交易品种、价格机制、新型电力系统市场运行机制等多个方面，具体见表 3-1。

表 3-1　　　　2020 年以来我国主要电力市场化改革政策

序号	时间	政策名称	部门	涉及领域
1	2020 年 1 月	区域电网输电价格定价办法（发改价格规〔2020〕100 号）	国家发展改革委	电价
2	2020 年 1 月	省级电网输配电价定价办法（发改价格规〔2020〕101 号）	国家发展改革委	电价
3	2020 年 1 月	可再生能源电价附加资金管理办法（财建〔2020〕5 号）	财政部、国家发展改革委、国家能源局	电价
4	2020 年 2 月	关于推进电力交易机构独立规范运行的实施意见（发改体改〔2020〕234 号）	国家发展改革委、国家能源局	电力市场
5	2020 年 3 月	关于做好电力现货市场试点连续结算相关工作的通知（发改办能源规〔2020〕245 号）	国家发展改革委、国家能源局	电力市场
6	2020 年 7 月	电力中长期交易基本规则（发改能源〔2020〕889 号）	国家发展改革委、国家能源局	电力市场
7	2020 年 8 月	关于开展第五批增量配电业务改革试点的通知（发改运行〔2020〕1310 号）	国家发展改革委、国家能源局	增量配电

序号	时间	政策名称	部门	涉及领域
8	2020 年 12 月	电力现货市场信息披露办法（暂行）（国能发监管〔2020〕56 号）	国家发展改革委、国家能源局	电力市场
9	2021 年 5 月	关于进一步做好电力现货市场建设试点工作的通知（发改办体改〔2021〕339 号）	国家发展改革委、国家能源局	电力市场
10	2021 年 6 月	关于 2021 年新能源上网电价政策有关事项的通知（发改价格〔2021〕833 号）	国家发展改革委	电价
11	2021 年 8 月	关于绿色电力交易试点工作的复函（发改体改〔2021〕1260 号）	国家发展改革委、国家能源局	电力市场
12	2021 年 10 月	关于进一步深化燃煤发电上网电价市场化改革的通知（发改价格〔2021〕1439 号）	国家发展改革委	电价
13	2021 年 10 月	关于组织开展电网企业代理购电工作有关事项的通知（发改办价格〔2021〕809 号）	国家发展改革委	电力市场
14	2021 年 11 月	国家发展改革委国家能源局关于印发《售电公司管理办法》的通知（发改体改规〔2021〕1595 号）	国家发展改革委、国家能源局	电力市场
15	2022 年 1 月	关于加快建设全国统一电力市场体系的指导意见（发改体改〔2022〕118 号）	国家发展改革委、国家能源局	电力市场
16	2022 年 2 月	关于进一步完善煤炭市场价格形成机制的通知（发改价格〔2022〕303 号）	国家发展改革委	电价

3.2.2 政策要点

在上述 10 余项政策中，《关于进一步深化燃煤发电上网电价市场化改革的通知》（发改价格〔2021〕1439 号，以下简称"1439 号文"）和《关于加快建设全国统一电力市场体系的指导意见》（发改体改〔2022〕118 号，以下简称"118 号文"）等政策对综合能源服务的影响最大，这些政策中与综合能源服务密切相关的政策要点包括以下 4 个方面。

1. 明确提出工商业用户全部进入电力市场

1439 号文提出，要"有序推动工商业用户全部进入电力市场，按照市场价格购电""10kV 及以上的用户要全部进入，其他用户也要尽快进入"。目前，我国参与电力市场的工商业用户超过 5600 万户，2022 年完成市场交易电量 52543.4 亿 kWh、占全社会用电量比重为 60.8%，未来该比例将持续扩大。

2. 明确提出新兴市场主体全面参与电力市场

118 号文提出，要"引导用户侧可调负荷资源、储能、分布式能源、新能源汽车等新型市场主体参与市场交易"，同时强调"鼓励售电公司创新商业模式，提供综合能源管理、负荷集成等增值服务"。目前，我国售电公司数量超过 5000 家，而随着我国电力市场化改革的持续深化，售电公司将为其电力交易代理用户延伸提供综合能源管理、负荷集成等业务，这将推动售电公司成为综合能源服务领域的新兴主体和主要力量之一。

3. 绿电、绿证交易成为电力市场改革政策的关注重点

"双碳"目标下，越来越多的能源消费主体，尤其是高耗能行业、外向型企业，迫切希望享有普惠绿色电力，以降低碳排放水平。绿电、绿证交易成为近年来我国电力市场改革的"热点"领域，1439 号、118 号文

等政策均作出了专门部署。绿电交易作为电力中长期市场机制框架内设立的交易品种，以风电、光伏等绿色电力产品为标的物，能够全面反映绿色电力的电能价值和环境价值。相较于绿电交易，绿证交易是以非水可再生能源发电量的确认和属性证明以及消费绿色电力的凭证作为标的物，属于"证电分离"，需求量小，交易规模小，但减碳成本与绿电交易相当。

3.2.3　政策影响分析

在 1439 号文、118 号文等电力市场化改革政策的驱动影响下，电力市场化交易代理有望成为高增长业务方向，以"售电＋增值服务"为代表的新兴服务模式也将随着电力市场改革的进一步推进迎来新的发展契机。

1. 电力市场化交易代理服务需求旺盛

工商业用户进入电力市场后，市场化电力交易用户数量和交易电量进一步增长，随着我国现货交易、辅助服务交易、绿电交易、分布式电源直接交易、需求响应交易等电力市场交易品种不断完善，市场化用户对专业电力市场化交易服务的需求将日益迫切，电力市场化交易代理将成为综合能源服务的高成长业务方向。

2. "售电＋增值服务"新兴服务模式兴起

当前，售电服务主要通过收取购电服务费获利，但收益空间相对有限，现阶段仅为 1～3 厘/kWh。在国家鼓励售电公司开展增值服务背景下，售电公司的商业模式也将由单一的"售电"向"售电＋增值服务"转变升级。售电公司将依托售电业务拓展客户入口并维持客户黏性，同时通过客户数据挖掘客户用电、用能痛点，并为之提供定制化的综合能源服务。

3.3 能源领域深化"放管服"改革政策

3.3.1 政策概况

2021 年 12 月，国家能源局印发《关于印发能源领域深化"放管服"改革优化营商环境实施意见的通知》（国能发法改〔2021〕63 号，以下简称"63 号文"），系统性阐述了我国深入推进能源领域"放管服"改革的最新举措，特别是明确提出了"推进多能互补一体化和综合服务发展"。同时，63 号文中关于深化行政审批制度改革、创新推动能源低碳转型等方面的具体举措，也对培育和激发综合能源服务市场主体活力起到了积极作用。

3.3.2 政策要点

63 号文中与综合能源服务密切相关的政策要点主要包括以下两个方面。

1. 明确提出推进多能互补一体化和综合能源服务发展

63 号文提出"完善多能互补项目一体化规划、建设和审批流程""加快综合能源项目审批建设进度""探索推动'电水气热'""一网联办"等系列举措，压减了综合能源项目规划、建设、运营等环节流程事项。

2. 明确提出简化新能源项目手续和办理时限

63 号文提出"不得针对依法合规履行行政许可手续的新能源项目增加或变相增加办理环节和申请材料"，这对新能源项目的审批环节、流程作出了明确要求，将进一步激发市场主体投资、建设新能源积极性。同时，63

号文还明确提出"电网企业要明确配变可开发容量等信息查询流程及办理时限",这为新能源项目尤其是分布式新能源项目的投资决策、规划开关和并网接入提供了一定便利。

3.3.3 政策影响分析

63 号文为综合能源服务创造了更为良好的政策环境,将大幅提升市场主体进入综合能源服务领域的便利度和可预期性。

1. 多能互补政策环境不断向好

多能互补项目涉及电、气、热、冷等多个能源系统,其发展受不同能源系统间规划、运行壁垒制约严重。随着多能互补项目一体化规划、建设和审批流程的完善以及"电水气热"一网联办的积极探索,将从根本上改变多能互补项目的政策环境,极大促进市场主体进入综合能源领域的积极性。

2. 分布式新能源项目实施流程不断向好

随着新能源项目核准手续和审批环节的精简,以及配变容量信息的开放和查询流程的明确,综合能源服务商实施分布式新能源项目的效率大幅提升,同时实施主体能够实时获得适宜开发分布式新能源、新型储能项目的布点信息,优化项目投资决策。

本章小结

本章系统梳理了 2020 年以来我国主要的能源市场化改革政策,分析了这些政策对综合能源服务业务方向、市场空间、市场主体、商业模式的影响,主要结论如下。

(1)综合能源服务商将具有"区域综合能源系统投资运营主体、电力市场参与主体和能源服务提供主体"三重属性。随着能源绿色低碳转型体制机制、电力市场化改革的深入推进，综合能源服务商将作为区域综合能源系统的投资、建设、运营主体，并基于区域综合能源系统，成为能源服务的提供主体和电力市场的参与主体。

（2）**分布式新能源类、多能互补类业务有望成为高价值业务方向。**随着能源"放管服"改革不断深入，分布式新能源、多能互补等项目的核准、审批流程不断精简完善，综合能源服务市场环境持续优化。同时叠加电力市场化改革纵深推进，绿电、绿证交易代理、电力市场化交易代理、电力需求响应代理等细分业务的市场需求也将愈发旺盛。

（3）**售电公司有望通过"售电＋增值服务"模式，成为新兴综合能源服务商。**电力市场化改革的深入推进，将进一步拓展售电公司的业务边界，并延伸出以售电服务为前置环节的"售电＋增值服务"模式。

市　场　篇

　　2020—2022 年国内外形势变化较快，且疫情给各行各业发展带来较大影响，但相较于其他行业，综合能源服务市场受到的负面影响较少，仍然保持蓬勃发展态势，处于快速成长期。各类资本积极涌入，热情不减，新业态新模式持续创新，未来可期。

第 4 章　综合能源服务市场规模

4.1　测算模型简介

　　本书采用的综合能源服务市场潜力评估模型是《综合能源服务——能源互联网企业的战略选择》一书中模型的改进版，集成应用了宏观环境分析法、情景分析法、德尔菲法、回归预测法、时间序列法、生命周期理论等理论方法。

　　该模型由宏观环境分析、市场调查分析及模拟预测三大模块组成，如图 4-1 所示。宏观环境分析模块明确影响业务发展的外部条件，设定情景

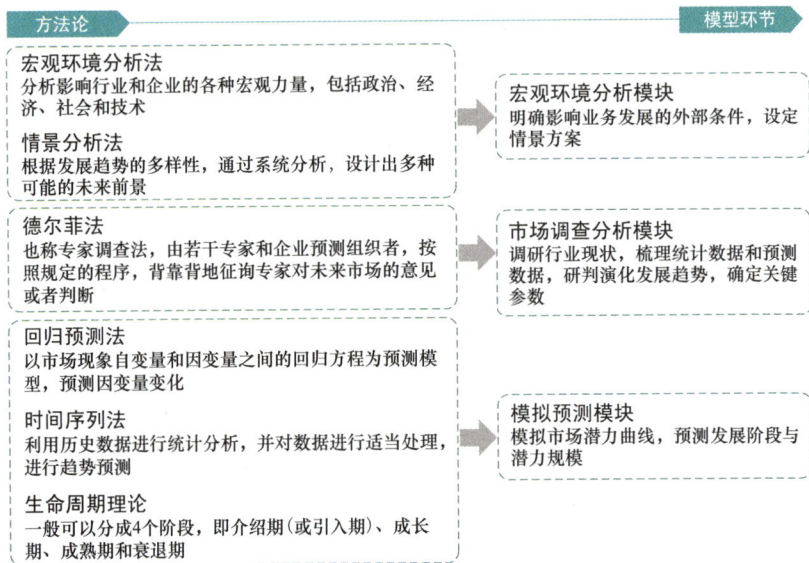

图 4-1　综合能源服务市场潜力评估模型

方案；市场调查分析模块调研行业现状，研判发展态势，确定关键参数；模拟预测模块拟合生命周期曲线，预测潜力规模。

4.1.1 宏观环境分析模块

基于宏观环境分析（PEST）模型，构建综合能源服务宏观分析（IES-PEST）体系，包括能源政策推动、能源需求转型、用能体验升级和能源技术进步4个分析维度，设置高、中、低3个情景方案。综合能源服务宏观环境分析评价体系见表4-1。

表4-1 综合能源服务宏观环境分析评价体系

宏观环境分析（PEST）模型	综合能源服务宏观环境分析评价体系	
	一级指标	二级指标
政治	能源政策推动	"双碳"政策
		能源发展规划
		能源产业政策
		财税补贴政策
		能源市场化改革政策
经济	能源需求转型	经济性提升
		安全可靠性提升
		能源利用效率提升
		绿色低碳水平提升
社会	用能体验升级	使用便捷（一站式、智能化）
		环境舒适（清洁度、电气化）
技术	能源技术进步	技术成熟度/技术经济性
		能源集成技术
		能源信息技术融合

4.1.2　市场调查分析模块

市场调查主要应用文案调查法和德尔菲法，重点调查国家规划、权威报告、机构和知名专家观点等，研判未来发展趋势。市场调查分析模块梳理统计数据和预测数据，根据宏观环境分析模块进行数据筛选，剔除异常点，确定总体趋势和关键参数，作为模拟预测模块的输入，如图 4-2 所示。

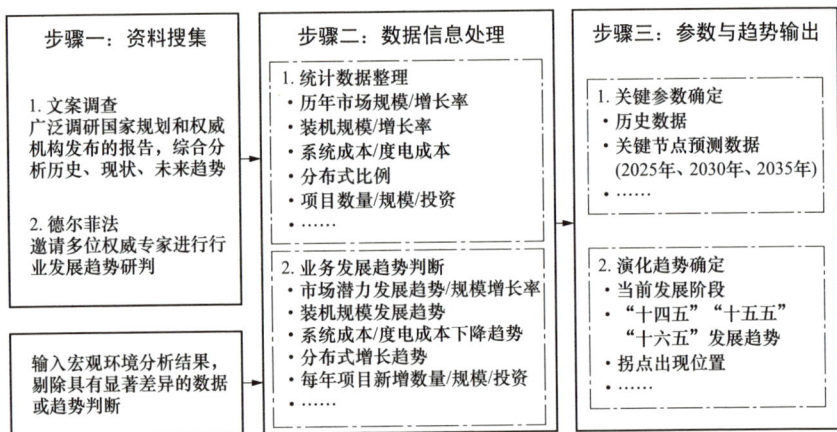

图 4-2　市场调查分析模块

4.1.3　模拟预测模块

模拟预测模块以宏观环境分析模块的情景和市场调查分析模块的数据作为输入，选择多种函数进行拟合，根据拟合精度（R^2）和业务特征，确定合适的生命周期曲线，进行多情景市场潜力测算，如图 4-3 所示。

模拟预测模块可以明确各业务在 2025 年、2030 年和 2035 年所处的发展阶段及市场规模。

市场调查分析模块中的结果输入

- 总体趋势研判
- 关键参数确定

市场规模 | 总体趋势 | 关键参数 | 生命周期

- 根据关键参数，选取多种函数进行拟合

崔帕兹曲线 | Logistic曲线 | 多项式曲线

市场规模 / 生命周期

常用于生命周期曲线拟合的函数

崔帕兹曲线函数	$Y=Ka^{b^t}$ $(K>0)$ $\ln Y=\ln K+b^t\ln a$
Logistic曲线函数	$P(t)=\dfrac{KP_0 e^{rt}}{K+P_0(e^{rt}-1)}$
多项式拟合函数	$Y=A+B_1X+B_2X^2$ $(B_2<0)$
幂函数	$Y=aX^b+c$
高斯函数	$f(x)=ae^{-(x-b)^2/2c^2}$
……	……

- 根据拟合精度(R^2)和业务特征，确定最终拟合函数

市场规模

导入期 | 成长期 | 成熟期
概念/创新 研发 | 孵化期 验证期 | 用户认可 用户获取 用户活跃/商业化

- 多情景预测，得到市场潜力规模

高情景 | 中情景 | 低情景

市场规模

导入期 | 成长期 | 成熟期
概念/创新 研发 | 孵化期 验证期 | 用户认可 用户获取 用户活跃/商业化

宏观环境分析模块中的高中低情景输入

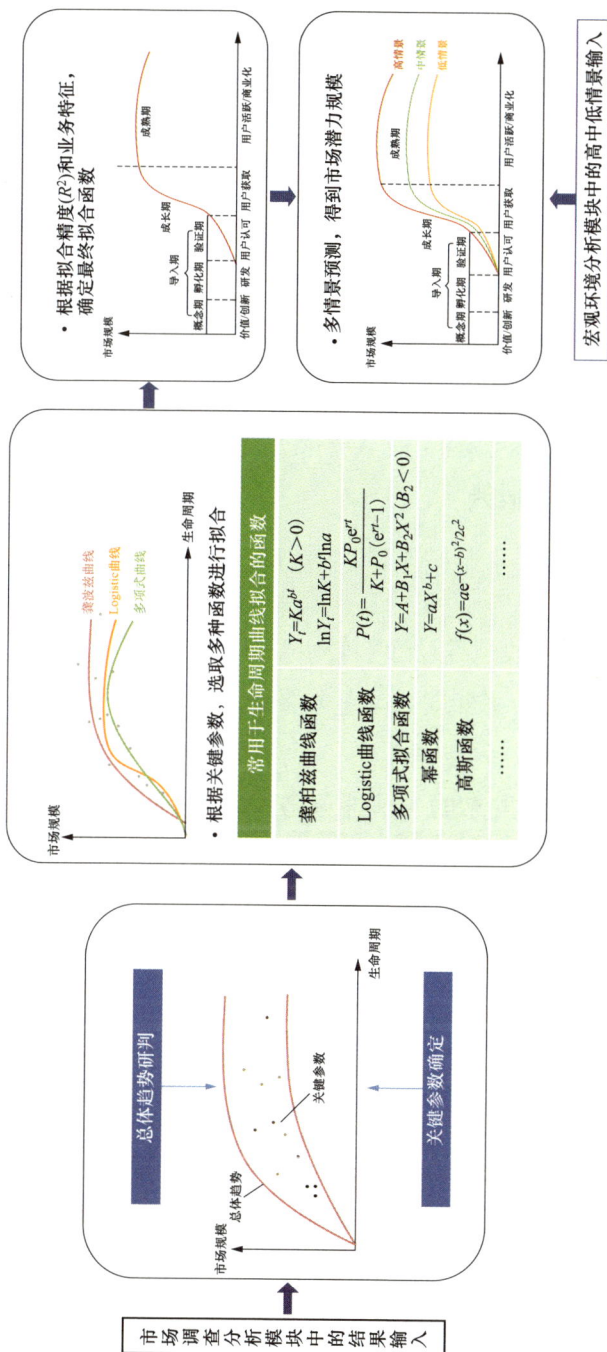

图4-3 模拟预测模块

4.2 重点业务分析

结合政策篇分析得到的综合能源服务重点业务，选择节能提效、分布式光伏开发、多能供应、用户侧储能、电动汽车充电、电力市场化交易、碳新兴业务等细分领域，开展宏观环境分析和市场调研。

4.2.1 节能提效服务

1. 宏观环境分析

节能提效服务受到政策推动影响较大。如第 1 章所述，当前国家"双碳"目标和"能耗双控"政策是推动节能服务发展的关键。

2. 市场调查分析

根据中国节能协会发布的《节能服务产业发展报告》，"十三五"期间，节能服务公司累计新增 1620 家，比"十二五"末增长了 27.9%。"十三五"末，从业公司平均注册资本由"十二五"末的 1500 万元提高了约 6000 万元，产业规模明显提升。产值 1 亿元以上的企业占比较"十二五"末提高 9%，大中型企业占比提高。"十三五"期间，节能服务产业总产值逐年增长，2020 年接近 6000 亿元，年增长率为 13.3%，如图 4-4所示。

"十四五"时期，预计全国需要完成的五年期节能量将超过 8 亿 tce，按照投资强度 3000 元 tce 计算，全社会节能投资需求超过 2 万亿元。

图 4-4 "十三五"节能服务产值

4.2.2 分布式光伏开发业务

1. 宏观环境分析

分布式光伏发展受到政策推动、技术进步、需求转型等多方面影响。

（1）政策推动方面，近年来国家大力推动分布式光伏发展，相关政策密集发布，国家在项目建设、市场运行、价格补贴、电网配套、调节能力等方面出台了政策措施（见 2.2 重点产业政策）。

（2）技术进步方面，平均转换效率逐年稳步提升。目前规模化生产的 p 型单晶电池均采用 PERC 技术，平均转换效率达到 23.1%，较 2020 年提高 0.3 个百分点，先进企业转换效率达到 23.3%；采用 PERC 技术的黑硅多晶电池片转换效率达到 21%，较 2020 年提高 0.2 个百分点。

（3）需求转型方面，分布式光伏建设可以有效提升客户可再生能源利用率、电气化率等指标，在能耗双控和碳核算背景下，工业企业、公共建筑、产业园区等具有较强动力。

2. 市场调查分析

我国分布式光伏装机规模从 2017 年以来快速增长，2022 年分布式光伏

新增装机 5111 万 kW，同比增长 75％，在全部新增光伏装机中占比 58％，超过集中式电站占比。截至 2022 年，分布式光伏电站有 1.58 亿 kW。我国分布式光伏装机规模（2016—2022 年）如图 4-5 所示。

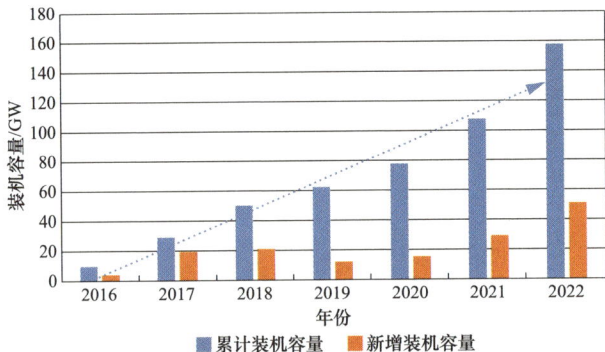

图 4-5　我国分布式光伏装机规模（2016—2022 年）

根据彭博新能源财经（BNEF）对我国新能源的预测，2025 年光伏累计装机规模将达到 673GW，2030 年达到 1104GW。2021 年中国光伏发电度电成本在 30～59 美元/MWh，2025 年降低至 25～47 美元/MWh，2030年降低至 22～40 美元/MWh，2050 年降低至 15～26 美元/MWh，如图 4-6所示。

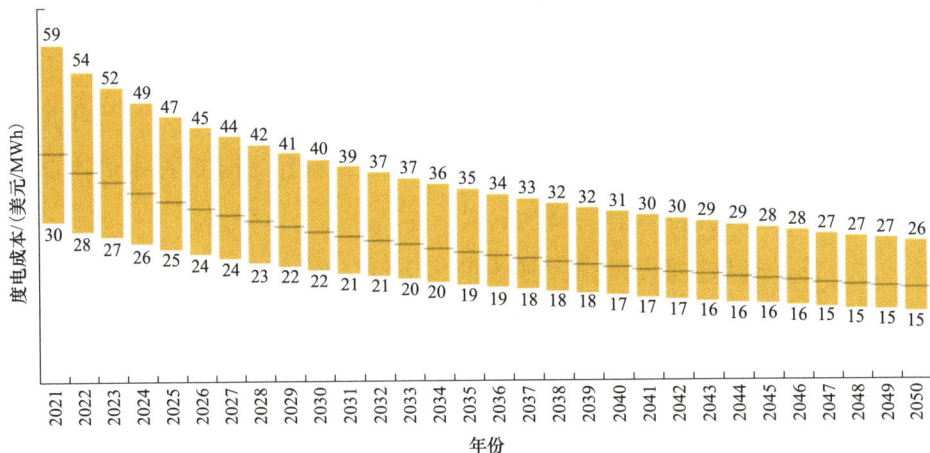

图 4-6　我国光伏发电度电成本变化趋势预测（BNEF）

全球能源互联网发展合作组织发布《中国"十四五"电力发展规划研究》，对分布光伏装机容量以及光伏度电成本进行了分析预测。分布式光伏装机方面，"十四五"期间，我国将坚持集中式和分布式光伏建设并举，分布式光伏装机规模不断扩大；预计到 2025 年，我国累计光伏装机达 5.6 亿 kW，其中集中式光伏 2.9 亿 kW、分布式光伏 1.8 亿 kW。光伏度电成本方面，2025 年光伏度电成本降至 0.26 元/kWh 左右，2035 年降至 0.13 元/kWh，2050 年降至 0.1 元/kWh，如图 4-7 所示。

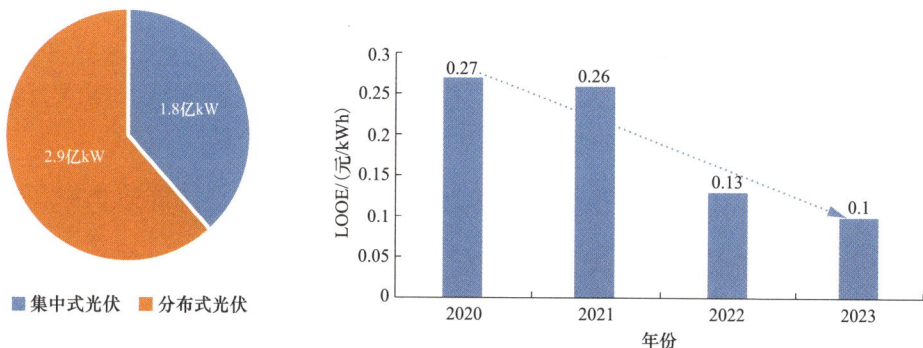

图 4-7　我国分布式光伏装机容量及光伏发电度电成本预测（GEIDCO）

根据对正泰集团实际工程经验的调研，2021 年户用分布式光伏单位容量系统投资成本约为 3.32 元/W，如图 4-8 所示。

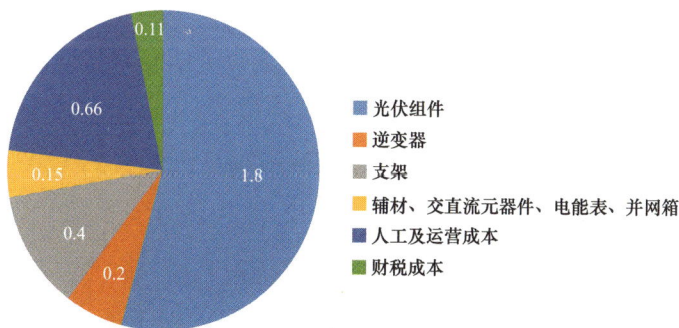

图 4-8　正泰户用光伏单位容量系统投资成本

（1）硬件环节投资成本总计 2.55 元/W。其中，光伏组件成本 1.8 元/W，逆变器成本 0.2 元/W，支架 0.4 元/W，辅材、交直流元器件、电能表、并网箱 0.15 元/W，人工及运营成本 0.66 元/W。

（2）财税成本总计 0.11 元/W。其中，税务成本 0.03 元/W，财产险 0.05 元/W，前期手续费 0.03 元/W。

4.2.3　多能供应服务

1. 宏观环境分析

多能供应服务主要包括以电为中心和以气为中心两种模式，技术方案以热泵和天然气冷热电三联供为主。

（1）热泵是建筑领域多能供应的重要选择，能大幅提高能效指标和电气化率。热泵从自然界的空气、水或土壤中获取低品位热能，经过电力做功，生产高品位热能，主要包括空气源、水源、地源 3 类。热泵的能效比（COP）较高，可达 2.5～6.5，并能兼顾冷热需求，同时提升建筑用户的舒适度，提升室内清洁度。

（2）天然气冷热电三联供是指以天然气为主燃料带动燃气轮机或内燃机等燃气发电设备运行，产生电力以满足用户电力需求，系统排出的废热再通过余热锅炉或溴化锂机组等设备向用户供热、供冷。天然气冷热电三联供系统能实现能源梯级利用，其能源综合利用效率高达 80％以上。

2. 市场调查分析

（1）热泵。根据《2021 年度中央空调市场全国报告》《2021 中国空气源泵行业草根调研报告》等，我国热泵市场 2018 年达到峰值，2019 年和 2020 年连续两年出现下滑，2021 年市场表现出了良好的增长态势，全年增长超过 25％，创下近十年新高。国内热泵行业已经呈现出金字塔形结构，前 20 个品牌市场占有率超过 80％。2021 年度销售规模超过 100 亿元的品牌有 4 个，分别为格力、美的楼宇科技、大金和日立。我国热泵市场品牌销售额区间见表 4-2。

表 4-2   我国热泵市场品牌销售额区间

销售区间	品　　　牌
＞100 亿元	格力、美的楼宇科技、大金、日立
60 亿～100 亿元	海尔、东芝
40 亿～60 亿元	麦克维尔、江森自控约克、天加、海信、美的家用中央空调
20 亿～40 亿元	三菱重工、申菱、特灵
10 亿～20 亿元	三星、EK、奥克斯、GCH、松下、LG、欧博等

（2）天然气冷热电三联供。截至 2020 年底，我国天然气分布式能源项目（单机容量不超过 50MW、总装机容量 200MW 以下）共计 632 个，总装机容量达 2274 万 kW，但与国家发展改革委提出的装机规模达到"5000 万 kW"目标仍有较大差距。国网能源院发布的《中国能源电力发展展望》中，我国气电装机容量将从 2020 年的 1 亿 kW 分别增长到 2025 年、2030年、2035 年的 1.5 亿、2.3 亿和 2.5 亿 kW，2020—2060 年我国气电装机容量预测如图 4-9 所示。

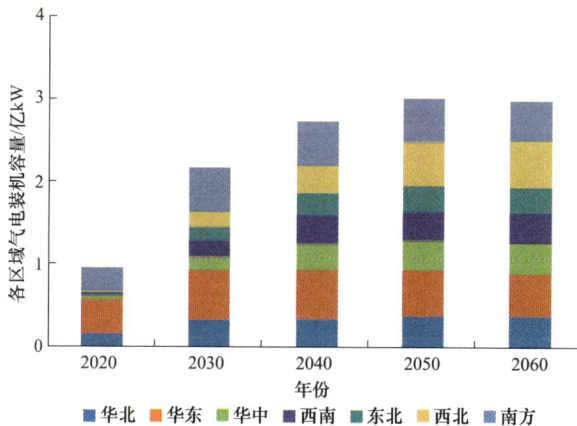

图 4-9 2020—2060 年我国气电装机容量预测

根据第十一届长三角能源论坛公开数据，天然气分布式供能系统单位容量建设成本为 7.91～8.17 元/W。细分来看，成本主要包括设备购置成本 5.1 元/W、设备安装成本 0.51～0.77 元/W、建筑工程成本 0.6 元/W、设计咨询成本元 0.3/W、系统调试成本元 0.2/W、工程管理成本元 0.2/W、降噪和接入成本元 1.0/W。天然气冷热电三联供单位容量投资成本见表 4-3。

表 4-3　　　　　天然气冷热电三联供单位容量投资成本

成本项	投资成本/（元/W）	成本项	投资成本/（元/W）
设备购置成本	5.1	系统调试成本	0.2
设备安装成本	0.51～0.77	工程管理成本	0.2
建筑工程成本	0.6	降噪和接入成本	1.0
设计咨询成本	0.3		

根据国网能源院公开发布的《"十四五"我国分布式天然气发电经济性分析》，单机容量 300kW 以下分布式天然气机组的单位容量投资成本达 10 元/W 以上，500～1000kW 机组为 8 元/W 左右，1000kW 以上机组为 5 元/W 左右，如图 4-10 所示。

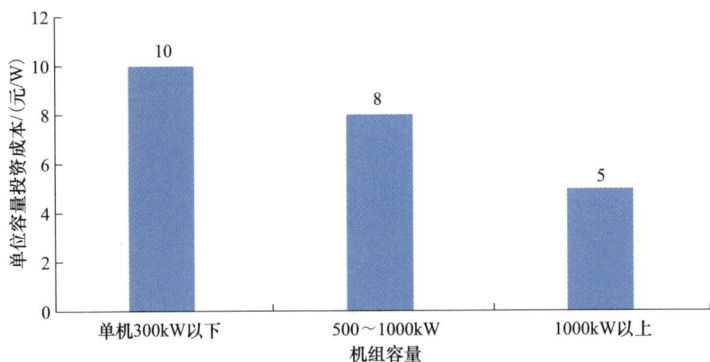

图 4-10　天然气分布式供能系统单位容量投资成本

4.2.4 用户侧储能服务

1. 宏观环境分析

用户侧储能服务主要受政策推动、技术创新等影响。

（1）政策推动方面，近两年储能相关政策密集发布，如前文 2.2 节所述，国家持续推动储能产业化、规模化示范，促进储能技术装备和商业模式创新，并完善电力需求侧响应机制，健全完善峰谷分时交易机制，峰谷价差呈现扩大趋势，有效提升了市场主体拓展用户侧储能市场的热情。

（2）技术创新方面，锂电池电芯能量密度达 360Wh/kg，循环寿命可达 1 万次。钠离子电池具有资源丰富、低温性能好、充放电速度快等优点，能量密度可达 160Wh/kg。

2. 市场调查分析

根据中关村储能产业联盟发布的数据，到 2020 年底，我国储能项目累计总装机规模为 35.6GW，电化学储能规模为 3.3GW，同比增长 91.2%。其中锂离子电池装机规模最大，为 2.9GW。保守场景下我国电化学储能累计投运规模预测如图 4-11 所示，"十四五"期间储能处于市场探索和商业

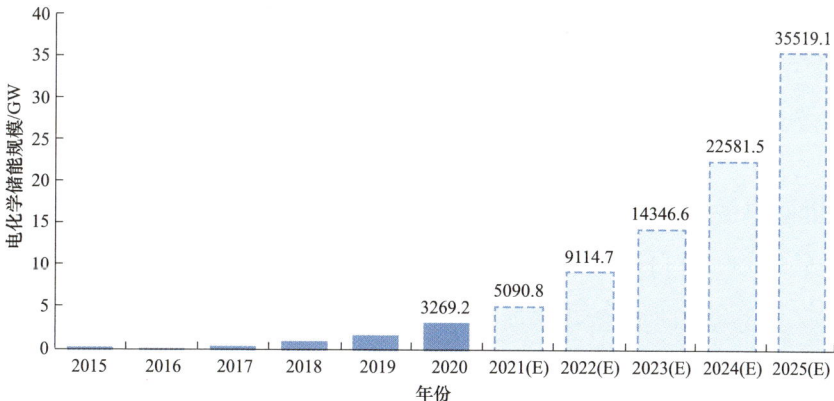

图 4-11　我国电化学储能累计投运规模预测（保守场景，2021—2025 年）

稳定发展期，2025 年电化学储能投运规模可达 35.5GW，2021—2025 年复合增长率为 57.4%；理想场景下，由于建设新型电力系统对储能的迫切需求，在"十四五"末期，电化学储能迎来新一轮高速增长，2025 年投运规模达到 55.9GW。

根据彭博新能源财经公开数据，2017—2025 年 1MW/1MWh 级电化学储能系统投资成本如图 4-12 所示，可以看出，该成本持续下降，由 2017 年的 631 美元/kWh 下降至 2025 年的 369 美元/kWh。

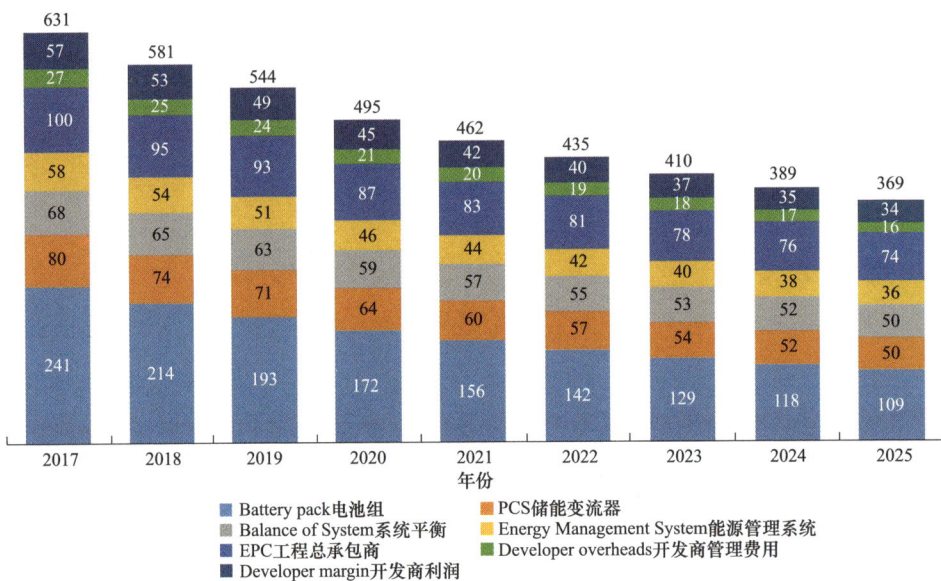

图 4-12　2017—2025 年 1MW/1MWh 级电化学储能系统投资成本

根据中关村储能产业联盟发布的数据，电化学储能单位投资成本见表 4-4。百兆瓦/百兆瓦时级碳铅电池、磷酸铁锂电池、钛酸锂电池、三元锂电池、钠硫电池、全钒液流电池单位投资成本分别为 800～1300 元/kWh、800～2200 元/kWh、4500 元/kWh、1200～2400 元/kWh、2200 元/kWh、2500～3900 元/kWh。

表 4-4　　　　　　　　电化学储能单位投资成本

项目	电化学储能技术					
	铅碳电池	磷酸铁锂电池	钛酸锂电池	三元锂电池	钠硫电池	全钒液流电池
容量应用规模	百兆瓦时	百兆瓦时			百兆瓦时	百兆瓦时
功率应用规模	几十兆瓦	百兆瓦			几十兆瓦	几十兆瓦
能量密度/(Wh/kg)	40～80	80～170	60～100	120～300	150～300	12～40
功率密度/(Wh/kg)	150～500	1500～2500	>3000	3000	22	50～100
响应时间	毫秒级	毫秒级			毫秒级	毫秒级
循环次数	500～3000	2000～10000	>10000	1000～5000	4500	>10000
寿命	5～8 年	10 年			15 年	>10 年
充放电效率	70%～90%	>90%	>90%	>90%	75%～90%	75%～85%
单位投资成本（元/kWh）	800～1300	800～2200	4500	1200～2400	～2200	2500～3900
应用领域	用户侧	用户侧、电网侧、电源侧等			电网侧	电网侧

4.2.5　电动汽车充电服务

1. 宏观环境分析

电动汽车充电服务主要受到政策推动和技术创新双重驱动。

（1）政策推动方面。

1）国家出台了《新能源汽车产业发展规划（2021—2035 年）》，提出 2025 年我国新能源汽车新车销量达到汽车新车销量的 25%。

2)《促进绿色消费实施方案》提出大力发展绿色交通消费。大力推广新能源汽车，逐步取消各地新能源车辆购买限制，推动落实免限行、路权等支持政策，深入开展新能源汽车下乡活动。

3）各地纷纷出台充电设施相关政策，如上海市印发进一步推动充换电基础设施建设的实施意见；宁夏充电基础设施"十四五"规划提出到 2025 年底累计建设充电桩 6000 个；广东继续实施充电设施奖补、车船税减免优惠政策；成都年内将新增超 8 万辆新能源汽车、2 万个充电桩。

（2）技术创新方面。

目前纯电乘用车平均续驶里程从 2016 年的 253km 提升至 2020 年的 378km，充电功率整体呈现上涨趋势，快速充电技术可实现充电 10min、续航 400km。

2. 市场调查分析

我国 2021 年新能源汽车保有量达 784 万辆，充电基础设施增量达 93.6 万台，同比增加约 70%。充电总电量达 111.5 亿 kWh，同比增加 58%。根据《2020—2021 年度中国充电基础设施发展报告》，2016—2020 年我国充电设施规模如图 4-13 所示。

图 4-13　2016—2020 年我国充电设施规模

根据《2021—2025 年中国充电基础设施发展预期报告》等的预测，2021—

2024 年充电桩保有量整体增速将维持在 43% 左右，2025 年将达到 1120 万台，如图 4-14 所示。

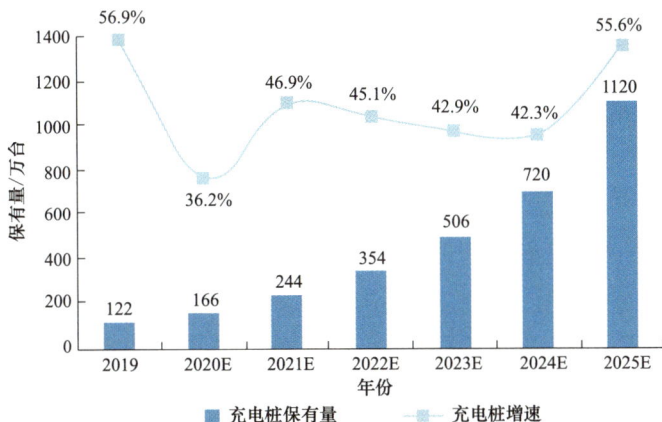

图 4-14　2020—2025 年我国充电设施规模预测

根据《"新基建"——2020 年中国充电桩行业市场前景及投资机会研究报告》等，交流充电桩成本均价为 5000～20000 元/台，直流充电桩为 10 万～15 万元/台。

中国南方电网有限责任公司（以下简称"南方电网"）加大充电设施投资力度，加快城乡充电设施一体化布局。"十四五"期间，南方电网计划投资 100 亿元，新增充电桩 14 万支，到 2023 年实现南方五省区（广东、广西、云南、贵州、海南）乡镇充电设施全覆盖。

4.2.6　电力市场化交易服务

1. 宏观环境分析

电力市场化交易服务主要受政策推动的影响。近年我国推进电力市场化改革，影响市场化售电规模的相关文件陆续出台，具体见 3.2 节电力市场化改革政策。

2. 市场调查分析

2022 年，全国各电力交易中心累计组织完成市场交易电量 5.3 万亿 kWh，同比增长 39％，占全社会用电量比重为 60.8％，同比提高 15.4 个百分点。其中，全国电力市场中长期电力直接交易电量合计为 4.1 万亿 kWh，同比增长 36.2％。在电力交易机构注册的市场主体数量首次超过 60 万家，同比增长 29％。

根据国网能源院的报告，2020—2060 年我国全社会用电量预测如图 4-15 所示，2025 年、2030 年、2035 年全社会用电量将从 2020 年 7.5 万亿 kWh 分别增长到 9.7 万亿～9.8 万亿 kWh、11.5 万亿～11.8 万亿 kWh、12.7 万亿～13.1 万亿 kWh。

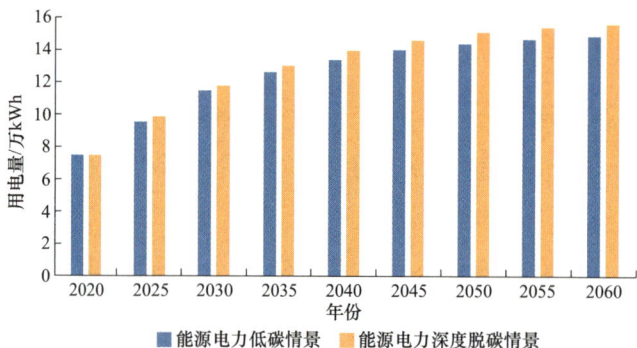

图 4-15　2020—2060 年我国全社会用电量预测

根据重庆市电力市场交易信息报告，2019—2021 年售电公司售电服务费逐年上涨。2019 年，重庆市所辖售电公司成交电量为 245 亿 kWh，售电服务费总额为 4824 万元，折算度电售电服务费为 1.9 厘/kWh。2020 年，售电公司成交电量 266 亿 kWh，售电服务费 7189 万元，折算度电售电服务费 2.7 厘/kWh。2021 年前三季度，售电公司成交电量约 270 亿 kWh，售电服务费 8622 万元，折算度电售电服务费 3.2 厘/kWh。

4.2.7　碳新兴业务

1. 宏观环境分析

碳新兴业务主要受到政策推动、需求转型等方面影响。

(1) 政策推动方面，国家"双碳""$1+N$"政策体系已经构建，并针对降碳改造、碳核算、碳交易、碳"双控"等方面不断出台具体政策，如第 1 章所述，极大地推动了碳新兴业务的发展。

(2) 需求转型方面，部分外资企业、国有企业、互联网企业积极践行ESG（环境—社会—公司治理）理念，主动采取保护生态、减少碳排放相关举措；另外，部分出口型企业受到欧盟碳关税影响，积极寻求降低碳排放、碳成本的措施，对碳新兴业务需求量显著提升。

2. 市场调查分析

(1) 第三方碳核查方面，根据调研，单次核查费用约 2 万元，目前全国需开展第三方碳核查的主要是参与碳交易的电力企业，若按 5000 家计算，业务规模约为 1 亿元。

(2) 碳咨询服务方面，按全国参与碳排放交易企业 7000～8000 家计算，每家收取 2 万～3 万元咨询费用，市场规模在 1 亿～2 亿元左右。

(3) CCER 项目开发方面，目前市场存量 CCER 项目约为 1000 余万 t，主要掌握在交易机构手中，按 60 元/t 计算，市场空间在 6 亿元左右。推测CCER 项目重启后的市场空间，按照当前全国碳市场电力行业年排放量 40亿 t、CCER 抵消比例 5％测算，每年 CCER 项目需求量约为 2 亿 t，市场规模可达到 120 亿元以上。

(4) 碳交易代理方面。当前我国每年碳交易量约 28 亿 t，按照中介费7.5％、单价 60 元/t、代理比例 60％计算，市场空间约为 12.6 亿元，未来碳交易量、碳价水平持续上涨，市场空间也呈上涨趋势。

(5) 碳金融服务方面。若碳期货品种批准上市后，按照 50 倍左右的杠杆放大，年交易量预计能达到千亿元，此项暂不计入综合能源服务市场规模中。

4.3　市　场　规　模　测　算

　　综合能源服务市场潜力如图 4-16 所示。"十四五"期间（2021—2025 年）为高速增长期，2025 年约为 1.6 万亿～2.2 万亿元，市场规模有望翻一番；"十五五"期间（2026—2030 年）为快速增长期，2030 年约为 2.0 万亿～3.1 万亿元，市场规模增速开始放缓；"十六五"期间（2031—2035 年）为平稳增长期，2035 年约为 2.2 万亿～3.5 万亿元，市场规模保持平稳增长，逐步进入平台期。

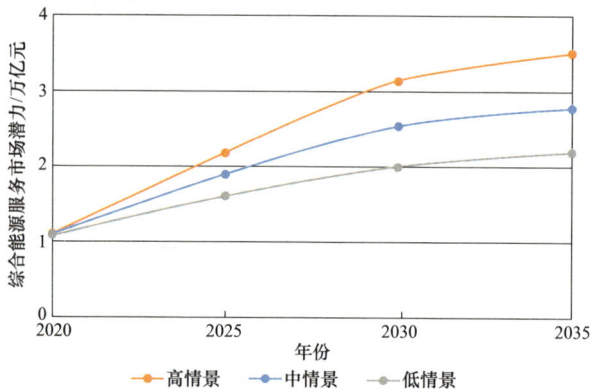

图 4-16　综合能源服务市场潜力

　　从综合能源服务业务板块来看，"十四五"期间（2021—2025 年）成熟型业务占主导，节能服务占比最大，专业运维、多能供应等次之；"十五五"期间（2026—2030 年），储能、数据增值等新兴业务占比逐步提升，成长为主要业务板块；"十六五"期间（2031—2035 年），节能、储能、数据增值、专业运维、多能供应等占比相对均衡，均成为主要业务板块。综合能源服务各类业务预测规模占比如图 4-17 所示。

2025年

2030年

2035年

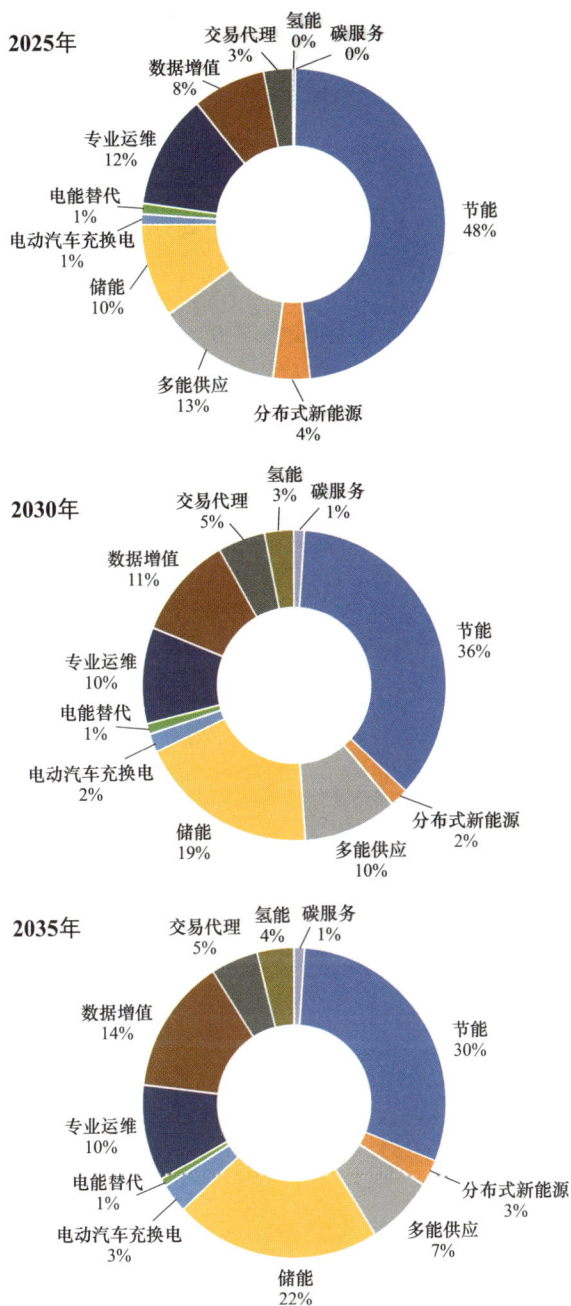

图 4-17　综合能源服务各业务版块预测规模占比

本章小结

（1）综合能源服务市场潜力评估模型集成应用了宏观环境分析法、情景分析法、德尔菲法、回归预测法、时间序列法、生命周期理论等理论方法，重点包括综合能源服务业务宏观环境分析、市场调查分析、模拟预测三大模块。宏观环境分析模块明确影响业务发展的外部条件，设定情景方案；市场调查分析模块梳理行业现状，研判发展态势，确定关键参数；模拟预测模块选取拟合函数，预测市场潜力规模。

（2）综合能源服务市场潜力在"十四五"期间（2021—2025 年）为高速增长期，2025 年约为 1.6 万亿～2.2 万亿元，市场规模有望翻一番；"十五五"期间（2026—2030 年）为快速增长期，2030 年约为 2.0 万亿～3.1 万亿元，市场规模增速开始放缓；"十六五"期间（2031—2035 年）为平稳增长期，2035 年约为 2.2 万亿～3.5 万亿元，市场规模保持平稳增长，逐步进入平台期。

（3）从综合能源服务业务板块来看，"十四五"期间（2021—2025 年）成熟型业务占主导，节能服务占比最大，专业运维、多能供应等次之；"十五五"期间（2026—2030 年），储能、数据增值等新兴业务占比逐步提升，成长为主要业务板块；"十六五"期间（2031—2035 年），节能、储能、数据增值、专业运维、多能供应等占比相对均衡，均成为主要业务板块。

第 5 章　综合能源服务市场主体

5.1　概　　　述

近年来，我国综合能源服务产业快速发展，市场主体规模日益壮大。自 2016 年以来，每年以"综合能源"命名的新增注册企业数量快速增加，2021 年和 2022 年均超过 700 家，可见产业界对综合能源服务发展前景给予了充分期待，以"综合能源"命名的年度新增注册企业数量如图 5-1 所示。

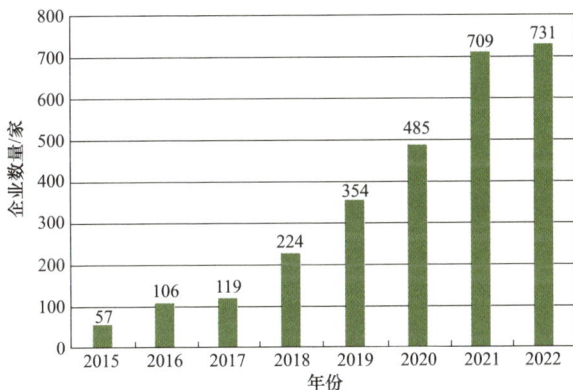

图 5-1　以"综合能源"命名的年度新增注册企业数量

5.1.1　综合能源服务市场主体分类

根据资本属性，我国综合能源服务市场主体可划分为国有资本主体和社会资本主体。根据企业类型、经营范围进行分析，又可将综合能源服务市场主体划分为传统能源电力企业、新兴能源企业、节能环保企业、设备制造企业、互联网企业、售电公司、投资机构等类型。综合能源服务市场主体分类及特征如图 5-2 所示。

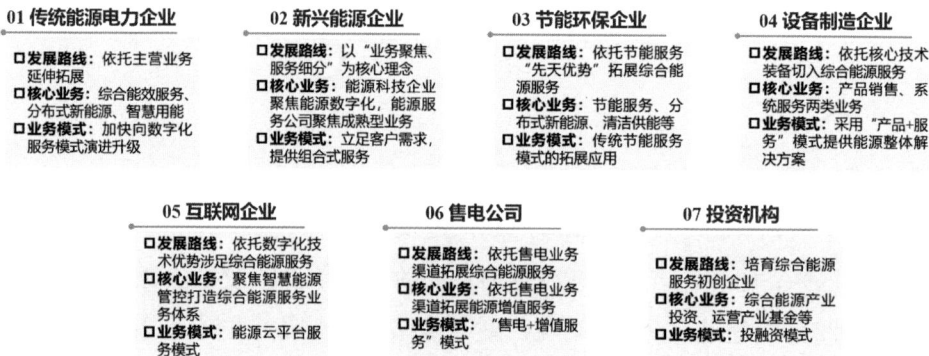

01 传统能源电力企业
- □ **发展路线**：依托主营业务延伸拓展
- □ **核心业务**：综合能效、分布式新能源、智慧用能
- □ **业务模式**：加快向数字化服务模式演进升级

02 新兴能源企业
- □ **发展路线**：以"业务聚焦、服务细分"为核心理念
- □ **核心业务**：能源科技企业聚焦能源数字化，能源服务公司聚焦成熟业务
- □ **业务模式**：立足客户需求，提供组合式服务

03 节能环保企业
- □ **发展路线**：依托节能服务"先天优势"拓展综合能源服务
- □ **核心业务**：节能服务、分布式新能源、清洁供能等
- □ **业务模式**：传统节能服务模式的拓展应用

04 设备制造企业
- □ **发展路线**：依托核心技术装备切入综合能源服务
- □ **核心业务**：产品销售、系统服务两类业务
- □ **业务模式**：采用"产品+服务"模式提供能源整体解决方案

05 互联网企业
- □ **发展路线**：依托数字化技术优势涉足综合能源服务
- □ **核心业务**：聚焦智慧能源管控打造综合能源服务业务体系
- □ **业务模式**：能源云平台服务模式

06 售电公司
- □ **发展路线**：依托售电业务渠道拓展综合能源服务
- □ **核心业务**：依托售电业务渠道拓展能源增值服务
- □ **业务模式**："售电+增值服务"模式

07 投资机构
- □ **发展路线**：培育综合能源服务初创企业
- □ **核心业务**：综合能源产业投资、运营产业基金等
- □ **业务模式**：投融资模式

图 5-2　综合能源服务市场主体分类及特征

1. 传统能源电力企业

传统能源电力企业主要依托主营业务拓展综合能源服务业务，抢占市场先机。例如电网公司、发电公司、油气公司、地方能投等，代表企业包括国家电网、南方电网、国家电力投资集团公司（简称"国家电投"）等。

电网企业具有电网服务经验和技术优势，重点拓展业务包括分布式新能源开发、电力运维、电能替代、节能服务等。

发电企业在电源技术方面优势明显，主要以分布式清洁能源开发为切入点，提供涵盖投资、建设、运营等全环节的清洁能源供给服务。

油气企业拥有庞大的站点网络资源，依托站点资源向电、热领域"跨界"成为油气企业拓展综合能源服务的普遍选择，典型业务包括综合能源交通建设、电动汽车充换电服务等。

地方能投的属地资源优势明显，具有拓展综合能源服务的天然"入口"，分布式清洁能源开发、清洁供暖是备受地方能投关注的综合能源服务重点领域。

2. 新兴能源企业

新兴能源企业专注做深做实综合能源服务细分领域，提供定制化、专业化、精细化能源服务。

新兴能源企业主要包括能源服务企业和能源科技企业，"业务聚焦、服务细分"是这类企业从事综合能源服务的基本特点，代表企业包括北京能云盈和科技有限公司（简称"能云盈和"）、坤能智慧能源服务集团股份有限公司（简称"坤能集团"）等。

一方面，新兴能源企业主营业务高度聚焦，如能源科技企业专注于提供综合能源服务数字化服务平台、管理系统开发应用服务；另一方面，新兴能源企业普遍根据业务实施环节、服务对象等，将其主营业务进一步划分为多个细分服务，以满足精细化、差异化市场需求，如能源服务公司将光伏业务细分为开发服务、工程服务、运维服务。

3. 节能环保企业

节能环保企业依托传统节能业务优势，加速从节能环保服务向综合能源服务升级。

节能服务是综合能源服务中最为重要的业务领域之一。因此，节能环保企业在拓展综合能源服务方面具有"先天优势"，既有的用户资源、服务渠道、服务经验等均可直接复用，若沿着原有业务链条上下游延伸拓展，即可发展成为综合能源服务市场主体中的重要一极。

当前，越来越多的节能环保公司开始拓展综合能源服务业务，代表企业包括中国节能环保集团有限公司（简称"中国节能"）、广东开能环保能源有限公司（简称"广东开能"）等，其综合能源服务业务本质上是对传统节能业务的一次全面升级。

4. 设备制造企业

设备制造企业依托核心技术产品积极争取客户资源，提供一站式能源服务。

当前能源价值传递模式由单向价值链向多向价值网演变，这种产业价值传递模式的变化为设备制造企业直接深入用户内部开展能源服务提供契机。设备制造企业掌握核心技术产品，成为其切入用户内部的敲门砖，并通过设备售运维，增强客户黏性，拓展服务内容。代表企业包括中国西电电气股份有限公司（简称"中国西电"）、陕西鼓风机（集团）有限公司（简称"陕鼓集团"）、浙江正泰新能源开发有限公司（简称"正泰新能源"）等。

5. 互联网企业

互联网企业在信息技术、客户服务、资本运作等方面具有显著优势，正跨界进入综合能源服务领域。

从技术水平看，互联网企业具有信息通信软硬件设备、数字技术、平台生态等优势，与各行各业的技术关联度最强，最易实现技术跨界；从服务水平看，互联网企业数据挖掘和精准营销能力强，比能源企业更擅于精准定位客户痛点；从资本运作水平看，互联网企业拥有灵活高效的资本运作能力和经验，擅于通过实业投资、战略并购、产权重组、风险投资等多种手段实现跨界经营。

当综合能源服务成为产业界热点时，互联网企业基于自身优势，聚焦智慧能源领域，开展软硬件开发、数据挖掘、能源云、能源管理平台等服务，代表企业有阿里巴巴集团（以下简称"阿里巴巴"）、腾讯控股有限公司·（以下简称"腾讯"）等。

6. 售电公司

售电公司依托售电服务"入口"，提供"售电＋能源增值"服务。

售电公司在售电业务开展过程中积累了大量的客户资源和用电数据，客户资源可使其省去市场开拓环节，用电数据资源可用于客户需求的深度挖掘，这些均为售电公司拓展综合能源服务提供了绝佳入口，并且可以通过能源增值服务进一步提升客户黏性。代表企业包括中网联合（北京）能源服务有限公司（简称"中网联合"）、上海祖润实业有限公司（简称"祖润实业"）等。

7. 投资机构

投资机构通过注资初创企业和综合能源服务项目，参与综合能源服务产业发展进程。

综合能源服务领域的投资机构主要包括风险投资机构、产业投资基金等。

风险投资方面，通过对近 15 年 107 个风险投资机构、178 个投资事件❶的梳理，能源服务领域投资事件与融资金额整体均呈现增长趋势，并在新冠疫情中恢复增长势头。在 107 个投资机构中，红杉资本（中国）、软银中国投资、钟鼎资本、深创投等最为活跃，而大多数被风险投资机构青睐的初创企业处于天使轮、A 轮、B 轮等早期融资阶段。能源服务领域投资事件与融资金额变化如图 5-3 所示，能源服务领域初创企业所处投融资阶段统计如图 5-4 所示。其中 2022 年度数据截至 5 月底，虚线为估算的 2022

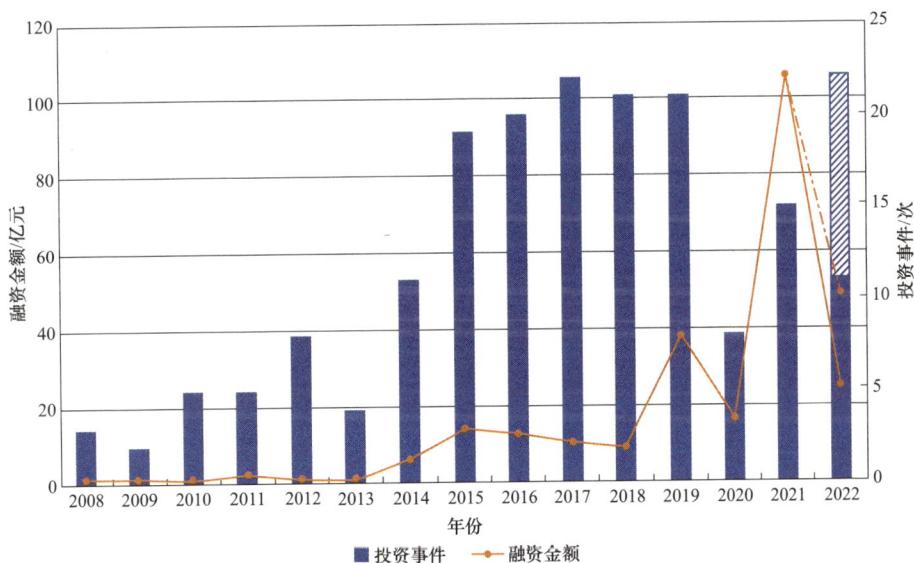

图 5-3　能源服务领域投资事件与融资金额变化

---

❶ 数据来源：投中网、亿欧智库、IT 桔子创投数据库，2022 年度数据截至 5 月底。

年全年数据。产业投资基金方面，民营资本通过自发合作、与国有资本合作等方式成立多个能源投资基金。

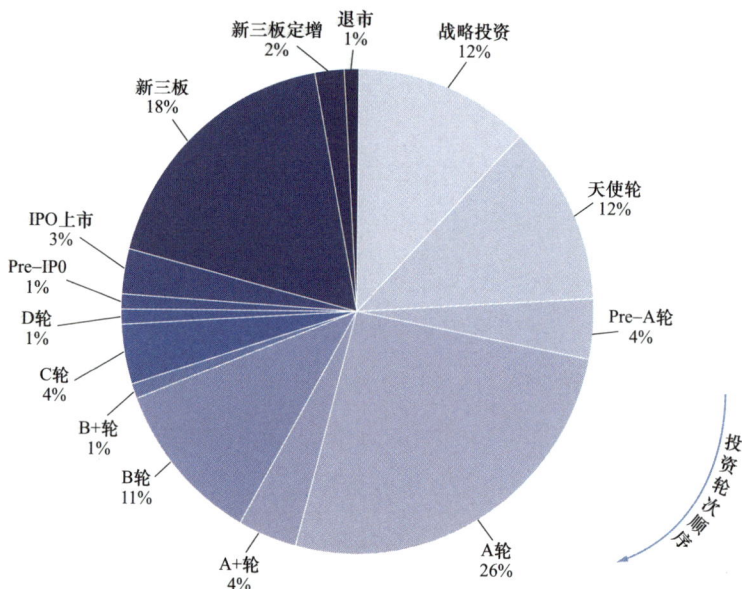

图 5-4　能源服务领域初创企业所处投融资阶段统计

2021 年远景科技集团与红杉资本（中国）共同成立"碳中和技术基金"，总规模 100 亿元，是典型民营资本自发合作模式；"中金协鑫碳中和产业投资基金""双碳绿能基金"（特变电工、南网建鑫基金、南网资本共同成立）是民营资本与国有资本的合作模式。

5.1.2　综合能源服务市场主体特点

从各类综合能源服务主体的发展战略、业务布局、经营策略来看，当前呈现以下特点。

1. 以用户需求为导向丰富服务内涵

用户用能追求逐步由"用上能"向"用好能"升级，对绿色用能、高效用能、智慧用能的需求日益迫切。在此背景下，各类综合能源服务主体

的服务内涵也由基础用能服务（电、冷、热等单一能源品种的供应服务）向"基础用能＋个性化服务"演进，立足用户多元化、差异化需求，提供定制化的分布式新能源、节能提效、智慧能源管控等服务。

2. 围绕既有产业链布局核心业务、打造核心技术

各类综合能源服务主体普遍以传统主业为基础，拓展业务布局，利用已有的用户、技术服务等资源优势，提供多元化能源解决方案。同时，加大核心技术研发力度，并且高度重视数据技术应用，持续打造拥有自主知识产权的关键技术装备。

3. 以能源与数字技术深度融合作为模式创新方向

综合能源服务点多面广、需求分散，采用传统线下点对点服务模式难以实现综合能源服务的规模化发展。因此，各类综合能源服务主体普遍以能源与数字化技术融合为抓手，加快部署能源服务云平台、智慧能源管理平台等，推动传统能源服务模式数字化转型，实现线上线下相融合。

4. 积极跨界合作、建立产业生态

综合能源服务细分领域众多，市场竞争逐步演变为产业链和生态圈竞争。通过跨界合作、技术收购等方式，打造互利共赢的生态合作体系，补齐业务短板，共同开发综合能源服务市场，成为各类综合能源服务主体快速提升市场竞争力的重要举措。

5.2　国有资本市场主体

5.2.1　概述

国有资本市场主体基本完成组织架构设计和重点业务布局，主要开展

市场开拓和项目投资，拓展方式主要有以电切入模式和以气切入模式，注重稳定营收和打造行业典范。

国有资本拓展综合能源服务代表性企业包括中国华能集团（简称"华能"）、中国华电集团（简称"华电"）、国家电投、三峡集团、华润电力、国家电网、南方电网、中国石油、中国石化、中国节能等，如表5-1所示。

表5-1 　　　　　**国有资本拓展综合能源服务典型模式**

业务特点	业务类型	企业类型	代表企业
以电切入	分布式发电、多能互补、储能、微能网、配售电、需求响应、节能环保、能源管理平台等	电网企业、发电企业、售电公司、地方能投、电力设备企业、电能服务商、负荷集成商等	国家电网、南方电网、国家电投、华能、华电、华润电力、浙江能投等
以气切入	天然气冷热电三联供、储能、节能环保、能源碳资产、能源梯级利用等	化石能源企业、燃气公司、供热公司等	中石油、中石化、中国燃气、京能集团等

1. 以电切入模式

采用以电切入模式的企业主要包括电网企业、发电企业、售电公司、地方能投、电力设备企业、电能服务商、负荷集成商等，主要开展的业务包括分布式发电、多能互补、储能、微能网、配售电、需求响应、节能环保、能源管理系统等。

2. 以气切入模式

采用以气切入模式的企业主要为传统化石能源企业，重点业务为天然气冷热电三联供、储能、节能环保、能源碳资产、能源梯级利用等。

5.2.2　传统能源企业

1. 国家电网

国家电网于2017年正式布局综合能源服务板块，由其控股的国网综合能源服务集团以及27家省综合能源服务有限公司作为业务实施主体，是国内规模最大的综合能源服务市场主体。2020 年以来，国家电网公司聚焦业务领域优化、业务发展模式创新、数字化平台构建等方面，持续推动综合能源服务高质量发展。

(1) 业务领域优化方面。国家电网提出面向重点领域开展实体项目和增值服务两类综合能源服务业务。实体项目面向工业企业、公共建筑、农业农村等三大重点对象，开展节能改造、分布式新能源开发、电冷暖供应、楼宇用能优化、渔/农光互补等项目，并聚焦各类综合性园区，开展区域能源站、微电网等项目。增值服务围绕能源数字化、能源市场交易等方面，提供能耗监测、智能运维、需求响应代理、电力交易代理、碳交易代理等服务。

(2) 业务模式创新方面。2020 年国家电网创新提出由供电服务向"供电＋能效服务"延伸拓展，统筹开展能效公共服务和能效市场化服务，带动能效产业跨越式发展，推动全社会能效普遍提升。其中，能效市场化服务即为综合能源服务中的综合能效版块，注重打造核心服务产品，服务电网安全可靠发展需要和用户多元化用能需求。

(3) 数字化平台支撑方面。国家电网积极推进设备感知层、业务管理层、交互应用层数字化平台建设。

1) 在设备感知层，面向工业、建筑等领域用户，积极为用户接入各类采集终端、传感器、能源控制器等终端设备，实现对各类用能设备状态、用能数据、环境信息等参数的全面感知和实时监测。

2) 在业务管理层，运营省级智慧能源服务平台，汇集分析设备感知层信息，对接数据中台；对各业务流程进行标准化设计与管控，建立采集信息与业务场景的关联交互关系，支撑智能运维、需求响应、能效管理等业务开展。

3) 在交互应用层，运营国内首个综合能源服务生态平台"绿色国网"，通过综合能源服务资源库、案例库、供应商库等功能模块，汇聚客户资源、上下游产业链资源，搭建供需对接平台，为业务发展引流赋能，打

造多方参与、共建共享共赢的综合能效服务生态圈。

2. 南方电网

南方电网主要依托旗下南方电网综合能源股份有限公司（简称"南网能源"）拓展综合能源服务业务。2021 年，南网能源正式上市，成为国内首家专门从事综合能源服务的上市公司。南网能源主要为客户提供能耗诊断、节能改造、项目投资及运营维护等一站式综合节能服务。同时，作为央企上市公司，南网能源在管理机制创新方面作出了有益探索。

(1) 业务领域方面。南网能源重点布局节能服务和综合资源利用两类服务。其中，节能服务包括工业节能、建筑节能、城市节能等 3 个业务领域，重点开展高效能源站、余热余压和煤矿气体综合利用、设备节能改造、建筑能源托管、城市照明节能改造、节能咨询等细分服务；综合资源利用主要包括生物质综合利用和"光伏＋"两类业务，重点开展生物质热电联产、生物质气化供热、生物质燃气供应、水光互补、林光互补、农光互补等细分业务。从业务规模看，节能服务是南网能源的核心主营业务，2021 年节能服务营业收入达 17 亿元，占总营业收入的 75.71％。

(2) 机制创新方面。南网能源以市场为核心导向，在企业现代化管理、投资决策、协同机制、人力资源等方面进行了积极探索实践。

1）企业现代化管理方面，南网能源通过上市来提升现代管理水平，有效促进了监管与非监管业务的隔离。

2）投资决策方面，建立授权清单，缩减投资决策层级，提升市场响应速度。

3）协同机制方面，建立"事业部＋区域分/子公司"架构，其中事业部为项目实施主体，区域分/子公司为市场开拓主体并承担部分属地化项目实施。

4）人力资源方面，建立与人员数量挂钩的分/子公司考核机制，实现分/子公司人员数量的良性增长，优化绩效考核机制，持续激发一线人员积极性。

3. 国家电投

国家电投从 2015 年最早提出综合智慧能源概念，到 2016 发布综合智慧能源发展行动计划、工作指导意见，再到 2020 年 4 月正式组建国电投综合智慧能源科技有限公司作为产业发展平台公司，其综合能源产业已进入发展快车道。

（1）组织架构方面。国家电投设置业务开发主体、产业发展支撑主体、数字技术支撑主体等三大主体，协同推进综合智慧能源业务。

1）业务开发主体主要由国家电投北京、河北、四川、雄安等国家电投省级电力公司组成，负责各区域综合智慧能源业务的市场拓展、项目实施与管理等。

2）产业发展支撑主体为国家电投综合智慧能源科技有限公司和国电投智慧能源投资有限公司，负责业务咨询、投资支持、技术支撑、产业研究、政策争取等。

3）数字化支撑主体包括国家电投集团数字科技有限公司、中能融合智慧科技有限公司，主要提供数字化平台开发、智慧能源技术研发等数字化技术支撑和产品。

（2）业务拓展方面。国家电投形成了"四型、二十四场景"智慧能源一体化解决方案。"四型"指智慧城镇型、产业园区型、集群楼宇型和能源基地型。

1）智慧城镇型解决方案重点打造能源安全、可持续可再生、绿色环保、节能高效的智慧城市整体解决方案，主要包括智慧城区、智慧供冷、智慧供热、增量配电网等 4 个应用场景。

2）产业园区型解决方案重点打造能源可靠性高、梯级利用、循环经济的产业园区整体解决方案，该型方案主要面向街区、空港、港口、海岛、高铁站、园区储能、智慧社区、工业园区等 8 个场景。

3）集群楼宇型解决方案提供绿色建筑整体解决方案，主要面向医院、学校、办公楼、军营哨所、大型商业、固定场站、数据中心等 7 个场景。

　　4）能源基地型解决方案打造具有多能互补、削峰填谷、循环经济、多元发展等功能的能源基地整体解决方案，主要面向"核能＋""风电＋""光伏＋""水电＋""煤电"等5个场景。

　　(3) 数字化支撑方面。国家电投打造了"天枢一号"综合智慧能源管控与服务平台，该平台采用"云—边—端"架构设计，如图5-5所示。

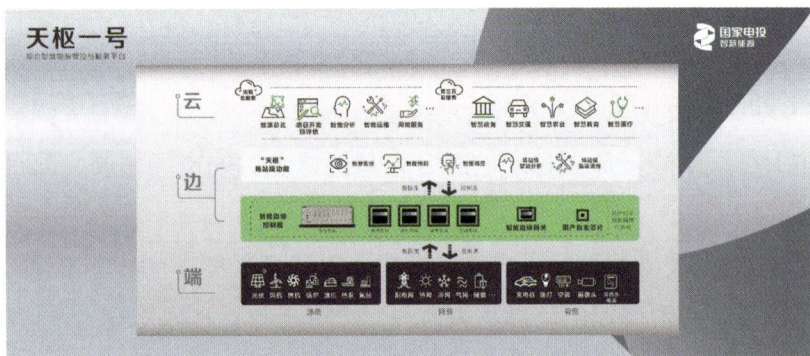

图5-5　国家电投"天枢一号"架构设计

　　1）"云"构建综合智慧能源生态服务平台，提供"天枢"云服务和第三方云服务，"天枢"云服务包括能源总览、项目开发评估、智能分析、智能运维、用能服务等，第三方云服务则包括智慧政务、智慧交通、智慧农业、智慧教育、智慧医疗等。

　　2）"边"构建站级管理平台，可实现各类能源数据的汇集管理，并提供能源监视、智能预测、智能调控、智能分析和智能运维等功能应用。

　　3）"端"构建能源基础设施、用能设备接口，可实现光伏、风机、配电网、热网、充电桩、路灯等各类设备的灵活接入。

5.2.3　节能环保企业

　　中国节能由中国节能投资公司和中国新时代控股（集团）公司于2010

年联合重组成立，主要从事节能减排、环境保护相关业务，拥有下属企业 700 余家、上市公司 7 家，业务分布在国内各省市及境外约 110 个国家和地区，是我国节能环保领域规模大、专业全、业务覆盖面广、综合实力强的旗舰企业。

中国节能业务主要包括节能与清洁供能、生态保护、生命健康、绿色建筑、绿色新材料、绿色工程和战略支持等七大板块。其中节能与清洁供能围绕能源的生产、供应和消费，重点开展节能服务、清洁供能及清洁能源开发服务等 3 项细分业务，这 3 项细分业务既是中国节能的主营业务，也是中国节能拓展综合能源服务的主要抓手。

1. 节能服务

节能服务重点开展照明节能、余气余热综合利用、余热发电、高效供热等业务。尤其在照明节能方面，中国节能已成为国内领先的专业节能照明集成运营商，年产能 50 万盏。

2. 清洁供能

清洁供能涵盖区域能源供应服务、工业园区综合能源服务以及公共建筑综合能源服务，能够提供集规划设计、投资建设、产品装备、运营管理于一体的全产业链服务；目前，中国节能已在全国建成 40 余个示范项目，累计签约供热面积超过 2 亿 m^2，运行供热面积 8000 万 m^2。

3. 清洁能源开发服务

清洁能源开发服务依托中国节能旗下两家风电、太阳能上市公司，以农业农村分布式光伏、分散式风电开发利用为重点，目前已建成了江苏东台风光渔互补发电项目、河北怀来光伏农业科技大棚发电项目等多个项目。

5.2.4 设备制造企业

1. 中国西电

中国西电紧抓新能源、综合能源市场快速发展大好时机，以 4 家控股

公司为载体，以数字化服务平台为支撑，聚焦 10 项重点业务领域，积极拓展综合能源服务。

（1）成立 4 家控股公司，陆续开展综合能源服务业务。

自 2021 年起，中国西电先后成立了西安西电集团智慧园管理有限公司（2022 年 3 月注册成立）和西安西电电气智慧园管理有限公司（2022 年 3 月注册成立）等 2 家全资控股公司，以及西电综合能源服务有限责任公司（2021 年 6 月注册成立）和重庆唐渝综合能源服务有限公司（2021 年 5 月注册成立）等 2 家合资控股有限公司，共同拓展综合能源服务业务。

（2）聚焦 10 项主营业务，打造综合能源服务业务体系。

中国西电综合能源服务主营业务主要包括"两个大类、十个领域"。"两个大类"为能源生产与供应服务以及资产经营与数据管理服务，其中能源生产与供应服务主要包括新能源发电、电力供应、售电服务、热力生产与供应、余能综合利用、节能管理服务、电动汽车充电设施运营服务等 7 个主要领域；资产经营与数据管理服务主要包括大数据服务、数据处理和存储支持服务及资产经营与管理服务等 3 个主要领域。

（3）研发应用西电综合能源智慧服务系统，赋能业务智能化、数字化发展。

中国西电面向工业企业、商业综合体、综合性园区等多元化应用场景，聚焦电气热冷多能源综合利用、风光气储一体化整合以及交/直流微电网、储能、充电站等新型能源设施集成应用，研发了西电综合能源智慧服务系统，实现区域内能流全景监控、多能互补、能源梯级利用、多元化能源供应及多样化增值服务。

2. 陕鼓集团

陕鼓集团成立于 1968 年，是一家拥有 50 余年创新发展历程的分布式能源领域系统解决方案商和系统服务商。陕鼓节能环保产品和智慧绿色系统解决方案及系统服务广泛应用于石油、化工、能源、冶金等国民经济重要支柱产业领域。陕鼓集团基于设备研发制造，延伸开展工业领域的综合能源服务，推出陕鼓集团能源互联岛系统解决方案，具体包括钢铁能

源互联岛、城市能源互联岛、电力能源互联岛、石化能源互联岛解决方案等。

陕鼓集团能源互联岛系统解决方案基于区域能源资源供给及需求开发，从全流程全区域供能、用能、能量转换的角度出发，通过多能互补梯级利用，将可再生能源（太阳能、生物质能、地热能、水能、风能、空气能等），清洁能源（天然气等）和传统能源（工业余能等）高效利用和耦合集成，以智能化管控、专业化运营的模式提供水、暖、冷、电、燃气、工业气体、蒸汽等能源，是从供给侧（供水、供暖、供冷、电力、燃气、工业气体、蒸汽）到排放端（污水、垃圾、余热、废弃等）全生命周期一体化分布式能源系统解决方案。

基于解决方案，陕鼓集团成功打造了全球行业内万元产值能耗最低、排放最少的智能制造基地，2022 年万元产值能耗仅为 4.52kgce；并对外开展了环渤海地区某 400 万 t 级钢铁联合企业能效升级优化项目、西安高新开发区中央创新区能源服务项目、湖北应城 300MW 压缩空气电网侧储能示范工程项目等。多年来，陕鼓能量回收及输出的装机总功率为 24GW，相当于年减排二氧化碳 1.56 亿 t，为节能减排和社会经济绿色生态发展助力。

5.3 社会资本市场主体

5.3.1 概述

综合能源服务领域的社会资本市场主体主要包括民营新兴能源企业、

互联网企业、售电公司等。民营企业年新增注册数量逐年增多，注册资本规模集中在 100 万～1 亿元，参与方案设计、投融资、设备租售、建设施工、运营维护等全流程各环节，重点布局节能提效、分布式新能源等成熟型领域，倾向长期稳定盈利。

1. 社会资本参与综合能源服务特征分析

(1) 基本情况。

1）市场主体数量方面。民营能源服务企业数量逐年增长，目前年新增企业超过 600 家。2015 年之前，能源服务市场尚未规模化发展，工商注册企业数量少。从 2016 年开始，新增注册企业数量逐年增长，从 2016 年的 100 家增长至 2021 年的 600 家，除 2020 年受疫情影响外，年增长率均保持在 35％以上。民营能源服务企业数量如图 5-6 所示（虚线为估算的全年数据）。

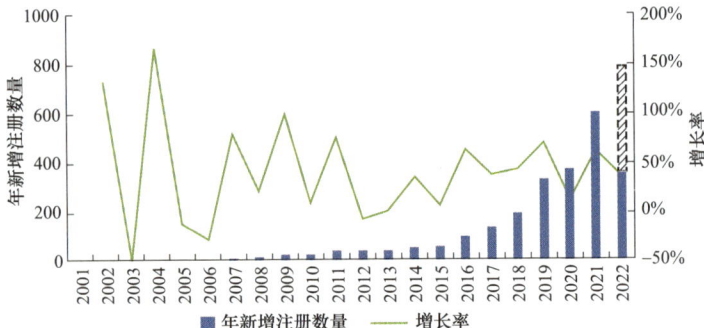

图 5-6　民营能源企业数量

2）注册资本规模方面。民营能源服务企业注册资本规模集中在 100 万～1 亿元❶。可以看出，民营企业体量普遍较小，在 100 万～1000 万元、1000 万～1 亿元的数量分别为 886 家和 845 家，合计占比达到 70％。民营能源服务企业注册资本情况如图 5-7 所示。

❶ 本文能源服务民营企业信息取自万得全球企业数据库，共 2450 家。

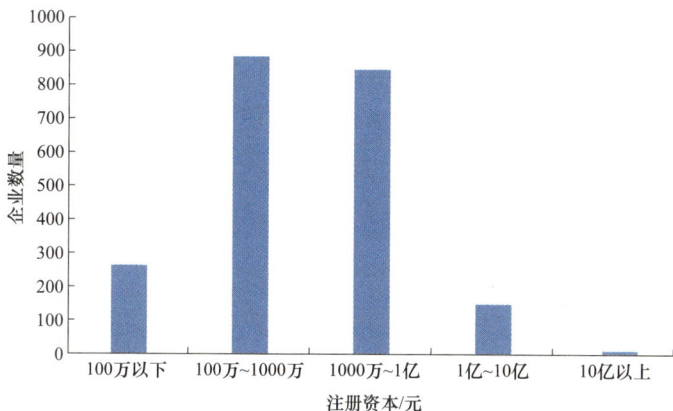

图 5-7　民营能源企业注册资本情况

3）业务领域方面。民营企业参与能源服务全流程各环节，多从事相对成熟的业务，规划设计、系统集成、创发创新等相对较少。 民营能源服务企业业务环节分布情况如图 5-8 所示。多数民营企业以提供设备租售与安装、建设施工、运营维护等服务为主，这类服务较为成熟，营收稳定，毛利率在 15%～25%范围内；少数民营企业可提供规划、工程设计、设备研发与制造、数字化系统开发集成等服务，这类服务技术含量高，需要由专业研发人员参与完成，毛利率可达 40%～50%；部分民营企业规模较大，年营收在 1 亿元以上、员工规模在百人以上，可同时提供以上两类服务，既能实现全流程覆盖，又能满足定制化需求。

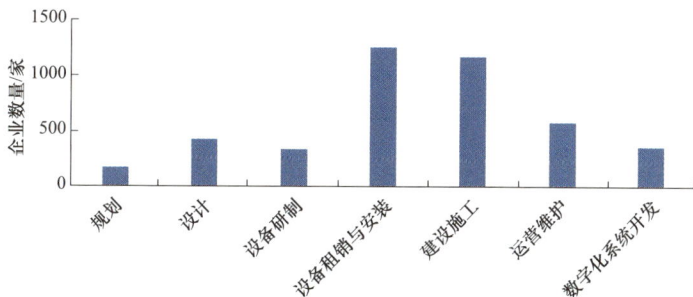

图 5-8　民营能源服务企业业务环节分布情况

（2）投资情况。

1）从投资方式来看，具有较强投资实力的民营企业偏少，多数通过资本合作、混合所有制改革等方式，跟随国有资本实现稳定盈利、资本增值、业务布局优化和能力提升。 受注册资本、销售收入、银行贷款等各方面影响，个别民营企业能实现亿级投资，少数民营企业能实现千万级投资，大概相当于3～5个医院能源托管项目❶。因此，民营企业在自主投资的基础上，普遍希望与国有资本合作，由国有企业负责市场开拓与项目投资，而自身负责提供方案编制、建设施工、运营维护等，以降低投资风险，赚取相对稳定的年收益。同时，在国有企业深化改革、市场化转型的背景下，社会资本通过增资入股等方式参与能源服务领域，共同聚焦核心业务、提升核心能力。比如，南方电网综合能源股份有限公司于2019年增资扩股，引入特变电工股份有限公司、广州智光电气股份有限公司两家民营企业，两家民营企业分别持股3.97％、2.85％。

2）从投资方向看，不同能源服务细分领域具有明显的"接力"特征，当前智慧能源、储能等科技密集型细分方向"吸金"较多，虚拟电厂、氢能、碳新兴业务或将成为下一轮资本青睐方向。 "十二五"期间，以热泵、生物质、天然气等为代表的多能供应，以及以照明节能、工业节能、建筑节能为重点的节能服务，融资事件较多；"十三五"期间，节能服务步入成熟，融资减少，风电、光伏等新能源迅速崛起；进入"十四五"后，智慧能源、储能开始进入商业化发展初期，成为吸金主力。结合当前"双碳"政策、能源转型方向、电力紧平衡现状等进行综合分析，虚拟电厂、氢能、碳新兴业务等正受到资本关注，或将接力智慧能源、储能，成为社会资本下一轮重点孵化的细分方向。初创企业参与能源服务细分领域的投资事件数如图5-9所示。

---

❶ 三甲医院能源托管项目约投资1千万元，较好的民营企业可投资3～5个医院项目。

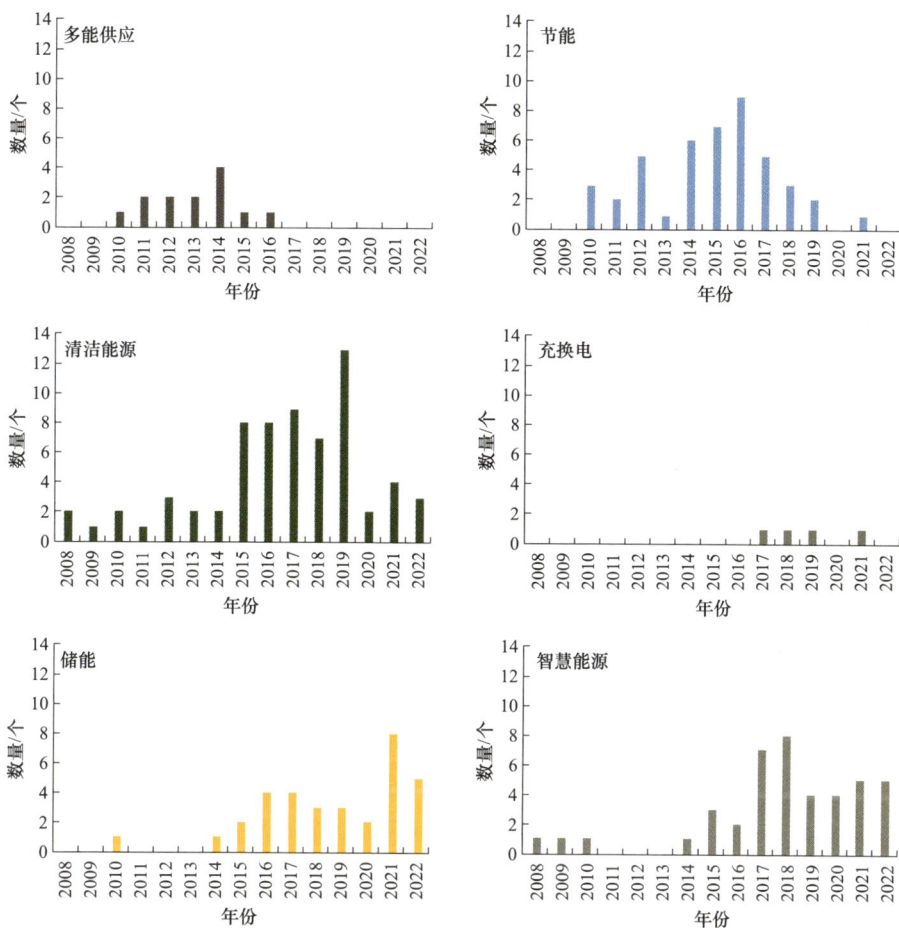

图 5-9　初创企业参与能源服务细分领域的投资事件数

（3）地域分布。

1）能源服务创投企业地域集中度高，产生集群效应。 参与能源服务的民营企业主要分布于 23 个省，其中，北京市（41 个）、浙江省（32 个）、江苏省（26 个）、上海市（22 个）、广东省（18 个）的能源服务民营企业数量排名居前五位，占比达 67.5%。当地借助研发资源和应用场景优势，培育了一批绿色能源产业集群，形成集聚效应，进一步吸引社会资本参与绿

色低碳能源服务。

2）能源服务客户群体主要集中在华东、华南地区。据调研，原因包括以下3点：①当地政府对能耗、碳排放管控力度强，专业能源服务需求旺盛；②民营经济发达，客户用能量大，且具有相对稳定的支付能力；③能源市场化改革走在全国前列，今年电价涨幅均达15％左右，用能成本增加直接带来客户对节能提效、分布式清洁能源开发、电力交易代理等服务的需求。

2. 社会资本参与综合能源服务的积极影响

社会资本进入综合能源服务领域，将有助于优化我国产业组织模式与市场结构、加快能源服务领域的资本流动性，同时有助于我国能源消费模式的创新升级。

（1）优化产业组织模式与市场结构。

1）社会资本将推动产业组织模式调整，对传统以国有能源企业为主导的模式带来冲击。目前产业组织模式以国有能源企业为主导，由能源服务商整合规划设计院、设备厂商、工程公司、投融资机构等产业链上下游企业。随着社会资本不断加入，以能源领域民营企业、互联网企业等为主导的产业组织模式或将快速形成。这种模式运作效率更高，若信任体系进一步建立健全，将对传统模式形成一定优化作用。

2）社会资本有望加快市场结构实现"能源企业为主体→能源与互联网企业齐头并进→市场全面竞争"的过程演变。社会资本助力互联网企业在能源服务领域快速发展，改变以能源企业为主导的产业组织模式，将对能源服务市场结构由当前能源企业为主体，转变为能源企业、互联网企业齐头并进格局转变。从长远来看，能源企业、互联网企业，以及支撑性市场主体，都有明确的产业链环节分工和价值体现方式，相互难以实现完全替代，未来将形成各环节充分竞争的局面。

（2）加快能源服务的资本流动性。

1）社会资本将提升全行业的投资效率和收益，能源服务行业的资本流

动将显著提速。社会资本进入能源服务行业，将以灵活高效的资源配置方式，把资本渗透到产品研发、客户营销等全环节中，提升产业链创新能力和运行效率。互联网企业采取分包、众包等专业协作方式，提升投资、建设、运营等全流程速度，实现更高效率的资本利用和更短周期的资本增值。

2）能源服务的盈利性走强，将进一步吸引社会资本涌入。能源市场化机制深化与能源价格提升将推高能源服务的利润空间，能源服务公司在客户用能成本优化方面更有作为，获取利润的模式和渠道增多，投资吸引力增强，带动风险投资资本、互联网企业、产业基金、初创企业等社会资本积极进场。

（3）升级能源消费者的用能模式。

1）社会资本带来能源服务市场的高度活跃，驱动消费者意识转变。社会资本和市场运作成为能源服务市场加速器，风投资本、初创企业、互联网企业、头部民营企业参与到能源服务的赛道，行业竞争导致信息交互更加充分，能源消费者对能源系统、能源服务的认知更全面、更成熟，可选择能源服务种类增多，市场地位提升。

2）社会资本促进形成服务升级和消费升级的迭代循环。社会资本的运营效率和市场灵活度较高，将推动能源服务水平、质量、效率提升，从而激发用户对更高质效的能源服务的需求。用户对能源服务商的平台实力、运营效率、定制化服务、品牌等方面的需求将提升，又将驱动能源服务商提升服务的精细化水平，从而形成服务升级与消费升级迭代循环的新气象。

5.3.2 新兴能源企业

能云盈和成立于 2016 年 7 月，是国家认证的高新技术企业和 BOMA 中国供应商会员，致力于为中国企业提供具有竞争力的数字化能源整体解决方案。

能云盈和是典型的能源科技公司，IFE 平台具有 BIM 应用、全生命周期管理、运营决策、物资采购、GIS、售电业务、环境安防、能耗监控、运行维护、安全监测等十大核心模块，能够实现全面的能源智慧监控、高效

的应急智慧调度、优化的能源使用成本、精准的能源消耗管理、标准的远程管理监督、智慧的能源综合管理等七大功能。

以"十大模块、七大功能"为基础,能云盈和面向城市综合体、大型园区、公共事业单位等多个场景,提供了 IFE 平台功能模块的定制化设计,以满足不同场景下的差异化能源需求。面向城市综合体场景,IFE 平台主要提供安全监控、用电计量、能源管理、运维管理、设备管理及电力运维等功能模块,大幅减少人力成本支出,有效提升能源管理水平和供应安全;面向大型园区场景,IFE 平台主要提供安全监测、用电计量、能源管理、运维管理、设备管理,帮助用户解决因建筑布局分布广带来的能源供应系统复杂的问题;面向公共事业单位和工矿企业场景,IFE 平台主要提供安全监控、智能移动终端、云端集控平台,实现能源的安全稳定供给。

5.3.3 节能环保企业

广东开能于 2003 年 5 月成立,是一家专门从事余热、余能发电,新能源、再生能源发电,生态环境修复等领域投资、建设、运营的国家高新技术企业。与综合能源服务相关的业务包括冷热电联产与分布式能源、分布式光伏/光热、储能(电、热、冷)生物质气化多联产等。

广东开能发挥自身在水泥工程、玻璃工程设计方面的业务基础,开发出了 1000~10000t/d 各种规模新型干法水泥生产线和 300t/d 及以上规模玻璃生产线的纯低温余热发电技术和成套设备,从而实现从环保领域向综合能源服务领域的延伸拓展,在电力、水泥、玻璃等行业积累了一定的余热发电和资源综合利用的设计、建设能力。

当前,广东开能经过多年研发与项目实践,已具备提供定制化综合服务解决方案的能力。累计承接国内外节能环保工程 500 多个,遍及国内 20多个省、市,国外工程远涉印度、土耳其、沙特阿拉伯、阿联酋、马达加斯加、越南、马来西亚等国家,总装机容量约 2300MW,年发电量 161 亿

kWh，年节约标煤 460 万 t，碳减排 1316 万 t。

5.3.4　设备制造企业

正泰新能源是正泰集团股份有限公司旗下负责清洁能源开发、建设、运营、管理的专业子公司，主要从事光伏组件的生产和销售以及光伏电站、储能、配网售电、微电网、多能互补等综合能源的投资建设，是业内同时具备系统集成和技术集成优势的综合能源解决方案提供商。

正泰新能源作为全球光伏组件第一梯队供应商，其研发的 ASTRO 系列组件产品已获得全球主流市场认证体系，远销全球 50 多个国家和地区，并且先后 5 次获得 DNV GL "顶级组件性能" 称号。

正泰新能源在光伏组件产品方面的强大优势也成为正泰新能源布局综合能源服务的核心竞争力。依托光伏组件产品，正泰新能源将光伏发电作为其综合能源服务核心业务，为工业厂房、商业楼宇、居民用户提供分布式光伏电站、户用光伏系统、地面光伏电站、农光互补光伏电站、渔光互补光伏电站等。

以光伏发电为基础，正泰新能源还进一步布局了热电联产、氢能、储能、配网售电、微电网、多能互补、电蓄热调峰、电力运维等综合能源服务，从而为客户提供综合能源解决方案。目前，正泰新能源已建成投运浙江安吉首个 "智电民宿" 项目、国网浙江双创中心智慧能源项目、海宁风光储充多能互补微电网项目、内蒙古兴安热电厂电热深度调峰项目、湖北黄冈产业园两个增量配网项目等百余个综合能源项目。

5.3.5　互联网企业

1. 阿里巴巴

阿里巴巴设立阿里云能源事业部，提供综合能源典型业务解决方案以

及平台解决方案。"阿里能源云"通过融合石化和电力系统数据，建立能源行业生产、运维、销售过程的智能化服务体系，进而依托阿里巴巴沉淀的互联网商业思维与大数据、云计算、人工智能技术，打造能源智能解决方案。目前，"阿里能源云"已面向电力行业、石化行业、能源产业链、综合能源等四大领域，推出了精准电力负荷预测、虚拟配网调度员、电力设备预测性维护、新能源发电运营、电动车桩运营、综合能源服务平台等 30 余款服务产品。

除设立阿里云能源事业部外，阿里巴巴还通过商业收购、战略投资等方式，吸纳专业能源企业加入阿里巴巴阵营，从而快速形成能源服务全链条业务能力。比如，2022 年 3 月，阿里巴巴投资收购杭州众碳能源管理有限公司，投资比例 100%，注册资本为 1000 万元；2022 年 4 月战略投资能源智能管理服务商亿可能源，使其注册资本增至约 828.29 万元。

2021 年"阿里能源云"联合权威双碳咨询机构及绿色金融等优质资源，推出了能耗管理及"双碳"管理的应用服务产品"能耗宝"，帮助企业核算碳排放量、制定节能降碳方案、规划碳中和路径。"能耗宝"包括"计碳宝"和"用电宝"，其中"计碳宝"为用户提供碳排放量盘查、碳中和认证等"双碳"管理服务；"用电宝"为用户提供用电账单、新能源发电管理、节能建议等高效节能分析预测服务。阿里云"能耗宝"产品功能示意如图 5-10 所示。

目前，"阿里能源云"为"能耗宝"设计了基础版、高级版等 2 种模式。基础版年费用为 12990 元，支持单个场地的 1000 个测点接入，提供用电管理、新能源发电管理、用电账单、节能建议、碳资产管理、碳排放监测服务，适用于以电力为主要能源的主体。高级版年费用为 59990 元，虽然高级版的测点接入数量相较于基础版并无差异，但高级版适用于电、水、天然气、煤等多类型用能主体，并且碳在线认证、绿色金融等更为丰富的服务。

依托"阿里云"积累的庞大用户渠道，"能耗宝"在全国范围内快速推

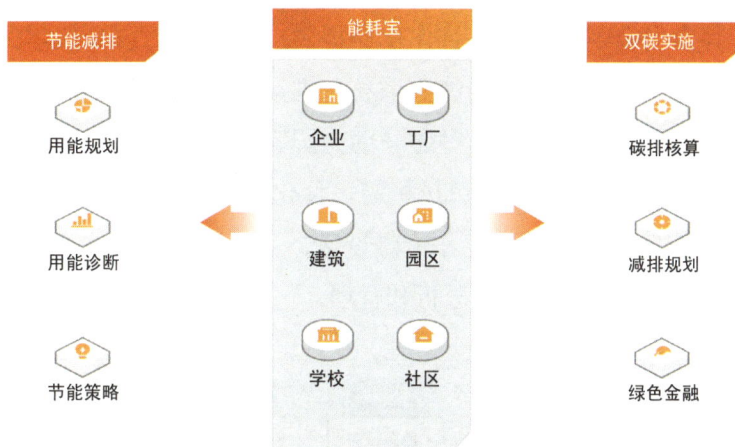

图 5-10　阿里云"能耗宝"产品功能示意

广。截至 2022 年 4 月，能耗宝已接入中国美术学院、杭州华聚复合材料有限公司等 2000 余家中小企业，全年节省 4.3 亿 kWh 煤电，相当于减少 44 万 t 碳排放。

2. 腾讯

腾讯设立腾讯云能源事业部，打造能源数字底座、构建"综合能源服务工厂"，自身偏重提供服务类产品，同时广邀产业生态伙伴提供规划设计、运行维护等实体类业务。

腾讯基于能源数字底座，推出 Enerlink 和 Enertwin 两大产品，其中 Enerlink 产品具有连接数据、业务、用户和生态的能力，面向不同能源场景，提供预置的解决方案套件；Enertwin 产品旨在构建能源设施数字孪生体，通过 AI 技术实现设备更可靠、生产更优化、营销更精准。

与阿里巴巴能源业务拓展思路类似，腾讯也积极吸纳专业能源企业加入腾讯能源板块。比如，2021 年 6 月，腾讯入股湖南威铭能源科技有限公司，持股 6.25%；2022 年 1 月，腾讯入股南京深度智控科技有限公司，投资 111 万元。

腾讯能源服务板块思路架构如图 5-11 所示，其中红框内为腾讯自身重点领域，其余内容则广邀生态合作伙伴提供。腾讯基于自身数字化技术先发优势，着力构建柔性可控的能源系统，推动新能源智能消纳。在建筑方面，腾讯智慧建筑管理平台（微瓴）助力国家电投总部建设屋顶光伏、地面光伏、BIP 伏幕墙光伏、微风风机等一体化的交流微电网，连接 24 个子系统，4388 个物联网设备点位和传感设备，实现设备的数据全息感知，对发电、储、用情况进行有效的分析和管理。

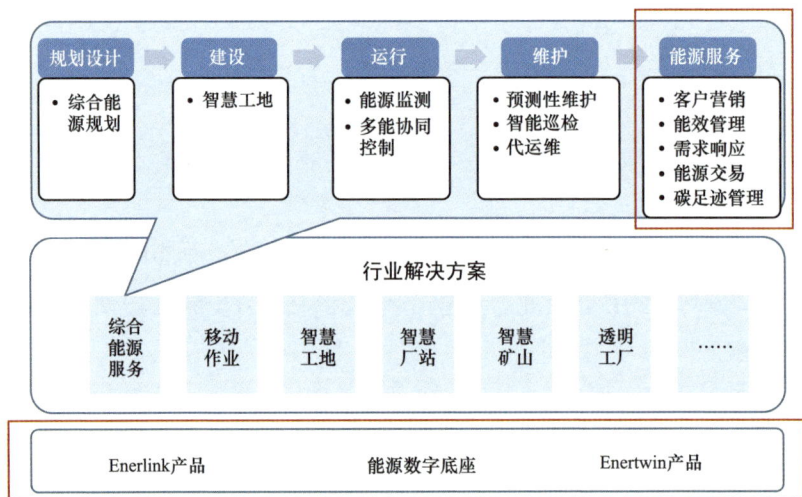

图 5-11　腾讯能源服务板块思路架构

5.3.6　售电公司

1. 中网联合

中网联合成立于 2017 年 10 月，属国家高新技术企业，主要从事售电业务并延伸拓展能源咨询和能源服务，经营范围覆盖了北京、天津、冀北、河北南网、山东、山西、河南、浙江等多个省市，累计签约用户数量超过 1000 家、年代理企业用电量超过 200 亿 kWh，京津冀售电市场份额排名连

续 3 年排名第一,是行业领先的综合能源服务商。

中网联合践行"一体两翼"经营战略,打造了以售电业务(一体)为核心、以能源咨询和能源服务(两翼)为支撑的业务发展布局。同时,中网联合成立了中网联合天津分公司、中网联合张家口分公司、中网联合浙江分公司等 3 家分公司,以及山西亿网售电公司、中联荣汇能源服务公司、中网锋尚综合能源公司、易能中网技术能源公司、北京华大能源科技公司等 5 家子公司,构建了"1+8"组织架构,全力支撑公司经营战略落地实施。

以业务发展布局为指引,中网联合进一步细化成"1+N"综合能源服务业务体系。"1"即售电业务,主要面向放开用电选择权的电力用户提供多种形式的灵活服务,支持其参与市场化交易,包括电力零售、购电代理、需求响应、绿电交易、需量管理、增值服务等 6 项细分业务。"N"即依托售电业务开展的套餐化能源服务组合,旨在帮助用户实现能尽其用且"省钱、省心、保安全",包括电费账单压降、配电智能运维、电能质量治理服务、能源托管、综合能源供应、智慧能源管理、暖通节能服务、设备节能改造服务、余能优化利用服务、综合能源咨询、增量配网咨询等十余项细分服务。

2. 祖润实业

祖润实业于 2016 年在上海、江苏、浙江、安徽、福建四省一市组建区域售电公司,形成"祖润售电"事业板块,成为华东地区第一家区域性经营售电公司。同时,祖润实业积极拓展跨省交易,在甘肃、宁夏、青海等电力资源丰富的西部地区组建售电公司,与当地发电企业构建战略合作关系,形成东西部联动的市场格局。

"祖润售电"推出"一条龙"服务模式,包括用户协商、咨询调研、交易注册、报送电量、竞价交易、电费结算等,旨在为电力用户争取有竞争力的电力交易价格,优化电能配置方案,降低企业生产成本。

依托电能销售业务的客户渠道和电能基础数据,祖润实业面向工业园区

和大中型工业企业建立 24 小时电力设备无忧保障服务中心，积极拓展电力运维服务，提供电力设备安装、测试、检测、检修、运行评价等细分服务。

祖润实业还进一步拓展了节能改造、节能咨询管理、工业管理等服务。节能改造主要以能源托管型、节能效益分享型合同能源管理模式开展，为用户提供节能设备改造、能源系统运行管理等服务。节能咨询管理以能效监测为抓手，提供节能诊断咨询和规划编制、能源管理体系认证咨询、固定资产投资项目节能评估、能源管理咨询与技术体系构建方案等服务。工业管理以节能技术与管理为着力点，提供楼宇节电、功率因数治理、流体系统节能、产线整体节能、水泵节能、风机系统节能、热能回收与利用等服务。

本章小结

本章对现阶段我国综合能源服市场主体进行了梳理，包括主体类型、发展特点、业务布局、最新举措等，主要结论如下。

（1）我国综合能源服务市场主体涵盖"2类资本、7大类型"，"2类资本"即国有资本和社会资本，"7大类型"即传统能源电力企业、新兴能源企业、节能环保企业、设备制造企业、互联网企业、售电公司和投资机构等。

（2）我国综合能源服务市场主体呈现以用户需求为导向丰富业务内涵、围绕既有产业链打造核心业务和核心技术、以能源与数字技术深度融合作为重要发展方向、依托跨界合作建立产业生态等四大发展特点。

（3）传统能源企业开展综合能源服务业务特点主要表现为依托传统主营业务延伸拓展；新兴能源企业表现为"业务聚焦、服务细分"；节能环保企业实施的综合能源服务业务是对其传统节能服务业务的一次全面升级；设备制造企业、互联网企业主要依托核心技术、服务产品优势切入综合能源服务领域；售电公司主要以"售电＋增值服务"模式开展综合能源服务；投资机构通过注资初创企业和能源服务项目培育能源服务产业。

第6章 综合能源服务市场运行

6.1 业 务 模 式

综合能源服务商面向客户提供服务，当前仍以各类单体式业务为主。主要原因是存量客户居多，存量客户在某一阶段仅有某一单项服务需求，此时服务商满足客户需求、对应提供服务即可。增量客户对能源服务商的需求往往是提供整体解决方案，并涵盖规划、建设、运营等全环节服务。从长远来看，不管是存量客户还是增量客户，从物理系统层面和价值创造层面来讲，综合能源服务业务模式将呈现集成融合式发展趋势。

考虑物理系统层面，综合能源服务业务包含单体式业务和集成化业务，如图 6-1 所示。单体式业务向集成化发展，采用一体化方式满足客户的用能需求成为大势所趋。单体式业务是指专注能源系统的某一环节或设备提供细分业务，典型类型如分布式光伏、电动汽车充电桩、余热余压利用、节能照明等；集成式业务是指根据用户需求通过多个单体业务的组合，以数字化管控平台等方式为客户提供一体化服务方案，如区域能源一体化供应、建筑绿色能源系统、家庭智慧能源系统等。

考虑价值创造层面，综合能源服务业务包括实体项目和增值服务，如图 6-2 所示。实体项目与增值服务相融合，成为客户的用能管家，亦是大势所趋。"实体项目＋增值服务"模式是指聚焦建筑、工业企业、园区等客户，开展能源系统建设、升级改造等实体项目，并参与项目运营，积极提供市场化交易、数字化建设等增值服务。

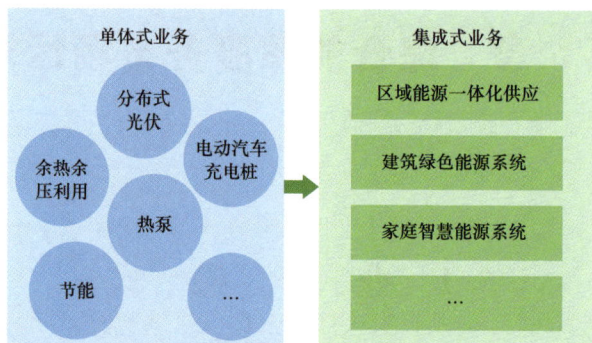

图 6-1　考虑物理系统层面的综合能源服务业务类型

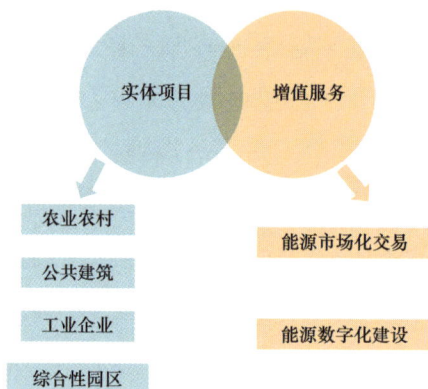

图 6-2　考虑价值创造层面的综合能源服务业务类型

以园区为例，园区是承载我国经济社会发展的重要空间载体和核心单元，是工业、建筑等用能单元的有机组合。我国园区数量众多，用能量大且用能需求多元，降碳路径复杂，但引领带动作用强。单体式业务包括分布式能源开发利用、区域余能利用等，经集成后可构建园区综合能源微网。从"实体项目＋增值服务"来看，园区综合能源服务业务以用能结构低碳化、工业生产低碳化、基础设施低碳化、资产管理立体化、运营管理智慧化为重点，开展多元集成融合能源服务是未来发展方向。园区业务模式如图 6-3 所示。

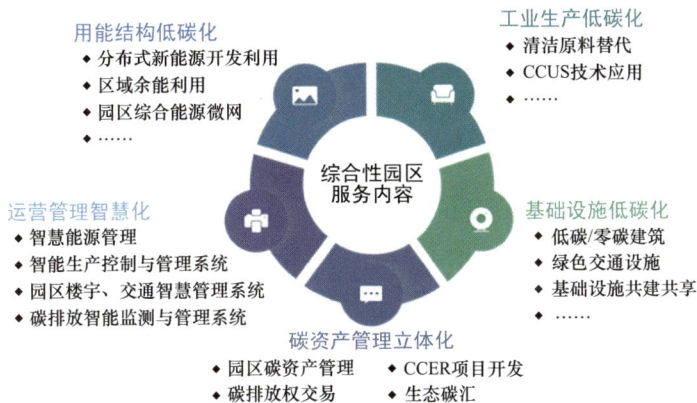

图 6-3　园区业务模式

6.2　商 业 模 式

综合能源服务领域客户需求多样，项目点多面广，技术路线复杂，服务提供者众多，商业模式也呈现多元化特征。本节对传统商业模式的创新发展趋势进行了总结分析，并重点阐述了平台商业模式。

6.2.1　典型商业模式及创新方向

综合能源服务典型商业模式可分为非投资类商业模式、合同能源管理及投资建设运营类等，如图 6-4 所示。这些商业模式在实际工程中应用较为普遍，其模式特点、应用场景在《综合能源服务——能源互联网时代的战略选择》一书中进行了详细描述。基于近期技术进步、客户需求升级、能源政策推动等影响，综合能源服务商业模式的发展方向呈现以下特点。

1. 提供一站式能源托管服务成为能源服务商和客户的共同选择

在能源托管型商业模式中，用户委托能源服务商出资进行能源系统的

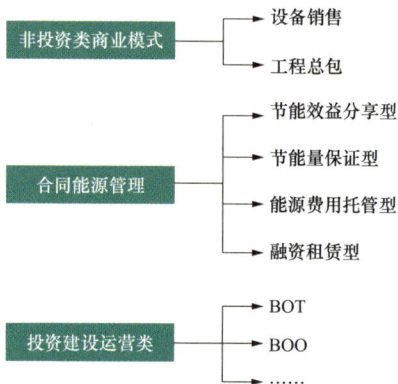

图 6-4　综合能源服务商业模式

节能改造和运行管理，并按照双方约定将能源费用交给能源服务商管理，系统节约的能源费用归能源服务商所有。

　　能源托管是用户、能源服务商互利共赢的商业模式，具有较大的发展空间。站在客户角度讲，能源托管具有覆盖全面、责任清晰、运营专业、省心省力等特点，现在已经成为医院、办公楼、学校等客户的主要选择。对于能源服务商来说，能源托管能够深入用户提供一站式、全链条服务，通过长期运营维护服务提升客户黏性，获得持续的现金流收益。

2. 在细分环节上创新商业模式有机会带来利润增长点

　　综合能源服务商基于项目要求、业主要求、自身特点等因素，会选择合适的商业模式。虽然在宏观层面商业模式概念少有突破创新，但在实际操作过程中，综合能源服务商在细分环节上可以灵活采用多种形式，积极降低运营成本，提高风险应对能力。

　　设备采购方面，综合能源服务商超前研判设备供给情况与价格走势，通过框架采购的方式，提前锁定价格，保障设备供应，有效规避价格上涨、供给短缺等问题。

　　融资渠道方面，综合能源服务商将融资租赁模式延伸到用户侧小型设备上，推动构建业主方、融资公司、综合能源服务商三方合作。综合能源

服务商聚合用户侧海量小型设备，统一与融资公司对接，实现资金及时投入，有效应对资金短缺、投资风险高等问题。

3. 依托信息化、数字化技术的线上线下融合服务成为重要方向

综合能源服务必须主动顺应能源信息技术创新发展趋势，做好线上线下融合。线下重点在于为客户提供面向能源系统的业务内容，线上重点在于依托能源管理平台实现业务质量和效率的把控，以及部分线下业务的价值链延伸。

当前，大部分能源服务商已基本能够实现业务层面的线上线下融合发展，个别综合能源服务商依托长期积累的客户数据资源，开始创新孵化客户增值服务，实现数字业务化。

4. 以互联网思维构建的平台模式初见端倪

以互联网思维构建的平台模式是指打造通用化数字化平台底座，邀请其他专业技术、软件、金融等各类型公司提供数据分析、深度学习应用、融资服务等，并嵌入平台底座中，进而利用平台连接客户实现精准供需匹配的模式。

平台模式需要互联网企业依托自身数字化、信息化资源优势，打造平台底座，专业化能源服务企业提供丰富的应用，二者互相促进形成贯穿能源服务产品体系，有效匹配用户一站式、全环节的服务需求。随着互联网平台经济的飞速发展，腾讯、阿里已开始进行综合能源服务的平台模式实践。

6.2.2　综合能源服务平台模式

1. 平台模式发展需求

（1）共性、标准化需求与个性化、定制化需求共同驱动。 大量共性、标准化需求的涌现是综合能源服务这一高度自由化、主体多元化市场发展过程中的典型特征，从市场特征和业务特征出发，存在以下几类典型共性

需求。

1）供需匹配。因市场具有低频性和潜藏性，服务商需要提供诊断服务、推送服务来挖掘客户需求。

2）征信服务。在细分市场如节能服务领域有大量的中小型企业，其品牌价值尚未显现，客户也不了解其服务能力；另外，企业服务商深入了解客户的支付能力也是确保收益达预期的重要一环，因此针对客户与服务商的征信服务就显得尤为重要。

3）金融服务。少数服务商具有较强融资能力，面对能源系统建设等重资产类业务，大部分服务商仍需要融资租赁、低成本信贷等金融服务支撑。

4）第三方认证服务。在合同能源管理等商业模式下，供需双方对节能量的认定有较强的需求，提高公信力，亟须第三方专业机构进行节能量认定。

5）通用化模型工具服务。由于综合能源规划设计、运行控制、财务成本核算等领域专业性强，如果有专业化的模型工具支撑，将大大提升项目执行效率和收益率。

（2）共性需求的满足是实现个性化、定制化服务的基础。平台价值体现即是最大限度发掘出市场主体的共性需求，并形成标准化、模块化的资源提供给服务商和用户，从而实现社会资源的集约化和低成本化，在解决方案设计、供需匹配对接等过程中发挥价值。服务商通过对平台提供的模型工具、设备信息等标准化资源进行整合，结合现场、客户实际情况形成个性化、定制化的解决方案。

（3）个性化、定制化需求是价值延伸与创造。随着分布式能源、储能等新元素的大量出现，以及综合能源服务本身包括电、气、冷、热多种能源，用户具有定制化服务需求，服务商依托"大云物移智链"等先进信息技术提升定制化服务能力。比如，根据用户需求智能配置客户用能信息开发、智慧能源管控系统等功能模块。

2. 平台定位

以共性和定制化需求为导向，考虑到综合能源服务与能源物理系统紧密链接，综合能源服务平台具有强专业性的特征，应该注重能力下沉，除了撮合交易外，应构筑核心实力，提供算法软件和支撑项目落地运营的金融、运维等配套服务，促进服务商和客户的高效对接。具体来说，应找准"三重定位"。

(1) 定位一：服务对象上，重点是为能源服务商赋能，成为能源服务商的"服务商"。综合能源服务市场发展的重点在于服务能力和品质上的提升，因此要对服务商进行充分赋能，赋能过程中需要把握服务商共性需求，打通产业链关键环节壁垒。具体来说，应该瞄准交易撮合、产业链金融、专业化运维等具有规模效益的共性需求，构建平台化支撑，形成多维赋能体系。

(2) 定位二：功能提升上，应具备 70% 通用工具服务＋30% 个性化系统集成开发的能力。一方面，综合能源服务平台将瞄准共性需求，着力打造产业链金融、规划运行模型等通用工具，贯通规划设计—投资建设—实施运营等项目流程全环节，大幅降低实施成本；另一方面，服务商结合实际场景与客户的个性化需求，在通用工具服务的基础上，依托大量现场数据、先进机理模型等进行高效优化重组，形成定制化方案。

(3) 定位三：平台属性上，成为交易、运营等海量信息的汇聚枢纽和流量入口。综合能源服务平台不同于淘宝等电商平台，其本质上还有支撑形成能源系统解决方案的需求，所以应具有交易平台和工业互联网平台的双重属性，并在双重属性的驱动下成为用户交易信息、物理系统运行信息等信息入口，实现综合能源服务业务的线上引流汇聚，推动平台从软件工具向互联网属性转型，塑造开放协同的平台经济。

3. 平台现状及发展趋势分析

在综合能源服务万亿级市场驱动下，作为能源和互联网跨界融合的中枢产品，综合能源服务平台建设取得了较大进展，下面从平台类型、技术发展、商业模式方面分析当前主要平台的发展现状，并研判发展趋势。

（1）平台类型上，当前项目级物联网平台、公司级业务管理平台、供需对接电商平台共存，未来三者有机链接的层次化平台体系是发展方向。 综合能源服务商基于项目实施、业务管理、生态构建等需要，积极搭建各类平台，重点可归纳为项目级物联网平台、公司级业务管理平台、供需对接电商平台三大类。鉴于综合能源服务的产业特征，项目级物联网平台、公司级业务管理平台和供需对接电商平台共存共建，通过平台打通项目级物联网平台构成的"数据孤岛"，实现信息高效交互，最终形成层次化平台体系。

1）项目级物联网平台。 项目级物联网平台数量最多，建设目的主要是依托物理系统开展用能监测分析、优化运行、智能运维等服务，是综合能源服务各类主体的重要切入方向。当前该类平台存在两方面问题：①多数平台仅能实现工业数据的基础分析与可视化，与业务需求、数据应用的深度结合还有待提升；②项目级平台依托物理系统呈散点式分布，物理、信息、价值多流尚未贯通，导致服务质量与内容难以迭代提升。

2）公司级业务管理平台。 公司级业务管理平台由综合能源服务商自行建设，建设目的主要是依托平台实现客户信息管理、项目建设运营管理、项目团队服务评价等。大型综合能源服务商由于注重内部管理且项目数目多、难度大，均自建了相应的平台。小型综合能源服务商根据业务发展体量需要，优先考虑市场购买相应的管理平台以降低平台建设投入。

3）供需对接电商平台。 供需对接电商平台目前数量不多，主要提供项目供需对接的交易撮合服务等，是掌握海量流量、信息的关键入口，典型代表是绿色国网、南度度节能服务网等。当前该类平台存在以下问题：①掌握的主要是宏观层面的客户。供应商数据信息，而非物理系统的运营数据，无法形成有效的知识积累和转化，导致在金融、规划、运维等关键环节对能源服务商缺乏支撑；②缺乏实用性功能，对各类服务商和客户主体缺乏聚合力。

（2）技术发展上，尚处于数据存储、分析、展示的初级阶段，深度结合应用场景的数据沉淀和机理模型开发成为平台提升关键。综合能源服务平台技术的发展创新尚处于起步阶段，但从其定位来看，应具备促成交易、赋能服务商的双重目的，因此在发展过程中需把准两条主线：①基于互联网技术的平台架构与应用开发技术创新，通过云计算等技术不断提升平台资源利用效率，加速应用开发与创新；②通过工业模型开发所带来的平台服务功能提升，通过各类工业机理模型开发、数据管理和分析，以及平台功能向业务现场的不断下沉，持续提升平台服务能力。

1）平台架构与应用技术方面。其发展核心趋势是打造适应综合能源服务发展的平台通用架构，降低集成难度，提升平台基础架构的灵活性，并推动模型、数据进一步结合场景，为应用开发提供更好支持。

2）工业模型开发方面。①做好模型规范，实现对热泵、光伏等各类设备、系统更加有效的识别和建模，综合能源服务平台将信息模型集成作为支撑自身应用拓展的关键能力；②提供更适用于业务场景需求的数据分析和应用开发服务，不断提升分析结果准确度，在综合能源系统规划建设、运行控制等方面发挥关键性支撑作用。

（3）模式创新上，现阶段还是主要以提供专业服务或将平台作为产品直接销售为主，未来功能订阅、金融服务、应用商店等模式将会兴起。当前，综合能源服务平台商业模式尚处于探索的初级阶段，主要还是立足业务场景开展专业服务或将平台作为产品直接销售。未来随着互联网模式的加速渗透，专业服务、电子商务、应用商店、金融服务、功能订阅等互联网平台典型商业模式将占有一席之地。

1）专业服务、直接销售是当前平台盈利的两种主要手段。**专业服务**主要依托平台开展系统集成，如阿里云的综合能源平台解决方案，利用其大数据处理分析能力，赋能具备专业化工程现场能力的节能服务商，进行定制化解决方案和现场部署，加速项目落地；**直接销售**是为客户提供一站式

的综合能源服务物联网解决方案，通过布设终端采集、网络通信等设备，搭建项目级物联网平台，为用户提供用能监测、优化运行、设备运维等服务。

2）功能订阅、金融服务、应用商店分成等模式将成为未来平台盈利的新增长点。功能订阅方面，当前工业软件服务已普遍采用订阅服务的方式，以订阅方式向用户收费，如绿色国网的云服务市场中综合能源规划软件；**金融服务方面，**推动综合能源服务领域的产融结合是平台化发展的重要使命，如结合企业能效、排放数据的环境责任险业务（数据＋保险），结合中小型企业经营、能源数据的信贷业务（数据＋信贷），基于数据管理能力的设备融资租赁业务等（数据＋租赁）；**应用商店方面，**综合能源服务拥有大量的业务场景可供应用开发者开展针对性的研发，未来通过应用分成的商业模式，或将形成庞大的应用开发生态。

6.3 产业组织模式

在《综合能源服务——能源互联网时代的战略选择》一书中，分析了综合能源服务产业组织模式，包括分散式组织、链式组织、空间网络组织、横向联系组织、模块化产业组织等模式。经过近两年的产业观察与调研了解，从业务拓展、项目实施的角度看，分散式组织模式和链式组织模式仍是最常见的，空间网络组织模式已经初步显现。

6.3.1 分散式组织模式

分散式组织模式较为简单，即综合能源服务商与客户形成一对一的供

需关系，基本不需要与其他企业参与。这种组织模式出现在两种情况下，一种是客户服务需求较为简单，综合能源服务商有能力直接对接提供服务；另一种是业务较前瞻，综合能源服务商寻找一家客户进行试验应用。

6.3.2　链式组织模式

链式组织是目前综合能源服务业务拓展、项目实施中最为常见的模式。当客户具有相对复杂的服务需求时，综合能源服务商难以独立完成，需要邀请产业链中优势互补的企业，通过专业化分工协作，共同为客户提供服务。在此组织类型中，多以能源企业为牵头组织方，其他专业化供应商为协作方。

1. 运作模式

立足综合能源服务中能源的本质属性，电网企业、发电企业、燃气公司等能源企业具有主业优势，聚合优选产业链上下游专业化供应商，为客户提供一站式综合能源服务，成为链式组织模式的重要参与者。

（1）能源企业作为牵头组织方，发挥资源整合能力，进行服务全流程管理。能源企业抓住当前能源体制改革带来的多领域融合发展契机，延长自身产业链进行拓展升级，由单一能源供应商向综合能源服务商转变，进行市场开拓、客户洽谈、规划建设运营管理、投融资等全流程工作。

（2）各类专业化供应商发挥专业实力，聚焦服务关键环节，为能源公司提供支撑。技术公司、规划设计院所、设备厂商、投融资机构等发挥自身在专项技术、设备供给、融资能力等方面的专业优势，助力能源公司打通服务过程中的专业环节壁垒。

2. 主体职责及收益方式

（1）能源企业。

1）代表企业：以电网企业、发电企业、燃气企业等为代表的能源企

业，在主营业务领域具有显著的竞争优势，有能力、有资源作为牵头组织方，联络起相关专业化供应商。

2）主要职责：业务全流程管理，主要包括对接用户获取项目资源、针对项目特点开展规划、提供核心技术或装备、投融资、对接专业供应商等。

3）盈利模式：根据承接项目特点，实现差异化收益。收益水平主要取决于自身核心业务在承接项目中的重要程度和占比，即能源企业的参与度。收益方式主要是通过业务总收益减去向专业化供应商分成的部分，也可以分为细项，考虑投资收益、服务收入、设备与能源销售收入等内容。

(2) 专业化供应商。

1）技术公司：主要是能源科技企业、互联网信息科技企业，比如，综合能源智慧运行管控技术、氢能开发利用技术、物联网信息通信技术公司等。产业分工方面，根据项目需求，应用先进的能源科技、互联网信息科学技术，提供技术解决方案，提升项目运转效率。收益上，主要以技术咨询费、软件销售等方式获取收益。

2）规划设计院：主要是各类型规划设计院，具有方案设计、规划、用能诊断和咨询的能力。产业分工方面，进行项目的供需平衡分析、配置方案设计、经济性评价、环境效益评价等。收益上，以规划设计费用为主要收益方式。

3）工程建设企业：主要是工程建设、施工服务企业。产业分工方面，在增量建设和存量改造业务中提供工程实施服务。收益上，主要以工程服务费获取收益。

4）运维企业：主要提供能源设备、能源系统、信息系统运维服务的企业。产业分工方面，对项目中关键设备，各类系统进行维护，确保正常运转。收益上，按次或时间段收取固定运维费用。

5）设备厂商：主要是能源领域相关设备研发、生产、供应的企业。产业分工方面，可以为综合能源项目过程中所需要的设备采购、设备租赁、

设备维护等服务，以设备销售费用作为主要受益渠道。

6）投资企业：主要是具有能源领域投资牌照的金融企业。产业分工方面，提供信贷、融资租赁、产业基金等相关金融产品，为项目实施筹措资金，主要以收取利息的方式获取收益。

6.3.3　空间网络组织模式

空间网络组织是按照专业化分工与协作，由既竞争又合作的众多企业形成产业集聚的模式。从目前来看，参与能源领域的互联网企业采用该种组织模式，牵头构建网络平台，广泛邀请各类产业生态合作伙伴共同参与。

1. 运作模式

该模式注重发挥互联网广泛链接能力和平台属性，通过大型互联网企业的强触达、数字化的平台优势，提供通用性、基础的信息化工具、服务以及平台底座，带动相关生态合作伙伴，提供综合能源服务全生命周期产品服务体系。

(1) 互联网公司作为牵头组织方，负责构建数字化平台底座，打造全生命周期产品服务体系。互联网公司拥有较为强大的数字化能力，打造综合能源服务通用化底座，同时互联网公司也面向各类用户直接提供客户画像、精准营销、数据分析、深度学习、物联网方案等科技类服务。

(2) 各类生态合作伙伴将自主研发的产品、服务置于数字化平台上，实现产品推广、交易撮合。各类生态合作伙伴依托互联网公司平台底座，一方面，可以打造专业化的服务产品，如利用数据分析服务打造能效分析产品等；另一方面，可以利用平台的撮合能力对接用户，提供综合能源规划、能源监测、多能协同控制、智能运维等产品及服务。

2. 主体职责及收益方式

(1) 互联网企业。

1) 代表企业：以腾讯、阿里巴巴等为代表的互联网企业，具有海量客

户资源、云计算及服务能力、平台开发能力等优势。

2）主要职责：①利用自身的互联网信息技术能力打造开放共享的平台底座，帮助各类生态合作伙伴，将自身产品便捷接入；②依托其云计算能力等，提供数据分析、深度学习等通用化服务，赋能生态合作伙伴；③依托其用户触达能力和广泛的客户资源，实现合作伙伴与用户的交易撮合；④依托自身的数据分析能力开发能源交易、碳足迹管理等专业化服务产品。

3）盈利模式：①提供云计算、数据分析、深度学习等通用化服务等，收取服务费；②基于自身开发的代运维、能源交易、碳足迹管理等专业化服务产品，收取销售费用或服务费；③基于交易撮合功能，收取平台佣金。

(2) 生态合作伙伴。生态合作伙伴能够丰富数字化平台的产品类型，为互联网公司吸引流量，使得客户在平台上可以满足自身多元化、一体化服务需求。生态合作伙伴主要包括软件公司、能源技术公司、规划设计院、运维企业等，可以利用平台基础能力，完善自身产品，拓展客户群体，同时成为互联网公司全生命周期服务体系的重要拼图。

1）软件公司：依托专业化信息技术能力，提供包括能源系统规划设计与运行控制、需求响应策略、碳资产管理等软件产品，将产品部署在平台上进行推广应用，通过软件产品销售获取收益。

2）能源技术公司、规划设计院、运维企业等：基于前述所提到的业务内容，开发形成模型工具、应用产品、功能模块等，在平台上推广应用，通过平台交易撮合功能，获取客户，再通过产品服务销售获取收益。

本章小结

本章围绕现阶段我国综合能源服市场运行，主要从业务模式、商业模式、产业组织模式3方面进行了分析，主要结论如下。

（1）业务模式方面，综合能源服务业务模式的发展趋势是多元集成融合。考虑物理系统层面，综合能源服务业务包含单体式业务和集成化业务。单体式业务向集成化发展，采用一体化方式满足客户的用能需求成为大势所趋。考虑价值创造层面，综合能源服务业务包括实体项目和增值服务。实体项目与增值服务相融合，成为客户的用能管家，亦是大势所趋。

（2）商业模式方面，当前呈现出四大发展方向：①提供一站式、全生命周期的能源托管服务成为能源服务商和客户的共同选择；②在细分环节上创新商业模式有机会带来利润增长点；③依托信息化、数字化的线上线下融合服务成为重要方向；④以互联网思维构建的平台模式初见端倪平台发展模式开始落地实践。

（3）产业组织模式方面，分散式组织模式和链式组织模式仍是最常见的，空间网络组织模式初现。分散式组织模式下，综合能源服务商与客户形成一对一的供需关系，基本不需要与其他企业参与；链式组织模式多以能源企业为牵头组织方，其他专业化供应商为协作方；空间网络组织模式以参与能源领域的互联网企业为牵头组织方，通过构建网络平台，吸引各类生态合作伙伴共同参与。

实 践 篇

　　"双碳"背景下，建筑、工业、交通、农业等四大重点领域客户需求日益多元，综合能源服务商积极创新先进技术和模式，探索典型解决方案，为客户提供一站式服务，创造了重要的经济社会价值。

第7章 建 筑 场 景

我国建筑面积和能耗水平逐年增长，电冷热供应是建筑能耗主要来源。2021 年，我国建筑面积总量约为 677 亿 m^2，其中，公共建筑、城镇住宅、农村住宅建筑面积分别为 147、305、226 亿 m^2，能源消费总量为 11.1 亿 tce，约占全国能源消费总量的 21%。随着我国城镇化深入推进，未来建筑能源需求仍将保持增长态势，预计到 2025 年，建筑能源消费总量将达 11.5 亿 tce。根据国际能源署报告统计，我国建筑终端能耗中，供暖、供冷、热水约占 62%，照明、炊事、设备等其他类别约占 38%。随着生活水平的提高，制冷、照明、用电设备等能源需求将快速增长。

公共建筑单位面积能耗强度明显高于其他建筑类型，是建筑领域推进"双碳"工作必须要牵住的"牛鼻子"。公共建筑是指供人们进行各种公共活动的建筑，具体场景包括办公建筑、商业建筑、旅游建筑、科教文卫建筑、通信建筑、交通运输类建筑等。2021 年，我国公共建筑总能耗（不含北方供暖）约为 3.86 亿 tce，单位面积能耗为 26.3 $kgce/m^2$，能耗显著高于城镇居住宅的 9.1 $kgce/m^2$ 和农村居住宅的 10.3 $kgce/m^2$（不含北方采供暖）。未来随着我国新型城镇化战略的实施，公共建筑的总面积、用能需求还有增长空间，着力推进公共建筑节能降碳将成为建筑领域绿色低碳转型发展的重点推进方向。

公共机构是公共建筑中节能降碳工作的"重点户"，要把准"三个更加注重"，大力推进公共机构节能管理。公共机构是指全部或者部分使用财政性资金的国家机关、事业单位（教育、科技、文化、卫生、体育和其他类型）和团体组织，具体场景主要包括政府机关办公建筑、学校、医院、场馆等。2022 年，全国公共机构约 158 万家，能源消费总量 1.61 亿 tce，单位建筑面积能耗 18.03kgce/m²，人均综合能耗 321.27kgce/m²。预计到"十四五"末，公共机构能源消费增速不超过 13%，单位建筑面积能耗和人均综合能耗分别下降 5% 和 6%。由于各级机关单位对建筑能耗有刚性要求，节能降碳需求迫切、空间巨大。我国历来重视公共机构节能管理工作，尤其是"双碳"目标下呈现出以下 3 个新特征。

（1）更加注重绿色低碳，加快构建清洁低碳用能结构和碳排放管理体系。重点举措包括推进燃煤锅炉节能环保综合改造，科学有序推进可再生能源在取暖、供热、炊事等环节应用，构建公共机构全流程的碳资产综合管理机制，推动公共机构参与碳排放市场交易等。

（2）更加注重多元共治，大力推行市场化节能管理模式。坚持市场导向、多方协同，积极引入各方力量，大力推行合同能源管理、合同节水管理等市场化模式，由专业节能服务机构、企业提供节能诊断、节能方案设计、项目融资、设备采购、工程施工、设备运行管理等一系列服务。

（3）更加突出智慧赋能，积极推进能耗和碳排放智能化管理。基于能耗数据和碳排放数据，充分运用先进数字化技术，实现公共机构能耗和碳排放实时跟踪监测，支撑公共机构的节能规划、能耗统计和评价考核等工作，实现公共机构节能管理工作的可观、可测。

本章以公共建筑为重点，选取办公楼、学校以及商业综合体等 3 种典型场景进行分析。

7.1 办 公 建 筑

办公建筑用能种类以电力为主，以天然气、蒸汽为辅，整体能源结构也基本稳定。办公建筑功能主要为行政办公及业务服务，用能设备类型相对固定，主要用能系统包括采暖系统、空调系统、通风系统、照明系统、办公系统、动力系统、综合服务系统，其中照明和暖通系统占主体，约达75%。对于大型办公建筑，不同建筑同一系统用能形式不同，如采暖空调系统，除消耗电力之外，还包括燃气、集中供热、集中供冷等不同用能形式；同一能源类型也可应用于不同建筑系统中，如电力用于采暖空调、照明、办公等多个系统。

办公建筑运行时间相对固定，用能负荷曲线变化不大，重点做好暖通空调系统优化。工作日内建筑用能与朝九晚五的工作时间相匹配，节假日用能负荷显著降低。办公建筑能耗呈现夏冬两季高、春秋两季相对低的特征。办公建筑节能降碳典型解决方案包括暖通、照明、配电等主要用能系统节能改造，建筑光伏开发利用，电动汽车充电设施建设，能源管理平台建设等。

这里以江苏省南通市行政中心、政务中心、图书馆及综合服务中心能源托管服务项目❶为典型案例进行介绍。

7.1.1 项目背景

江苏省南通市行政中心、政务中心、图书馆及综合服务中心如图 7-1 所示。

---

❶ 国网江苏综合能源服务有限公司提供。

南通市 3 个中心建筑单位面积能耗逐年上升，整体能耗处于偏高水平，且当前能源管理系统不健全，主要是冷热机房智能化水平低、空调末端集控缺失、照明灯具节能改造不到位等，在建筑用能管理、分析和诊断存在较大困难，存在较大节能降耗空间和潜力。

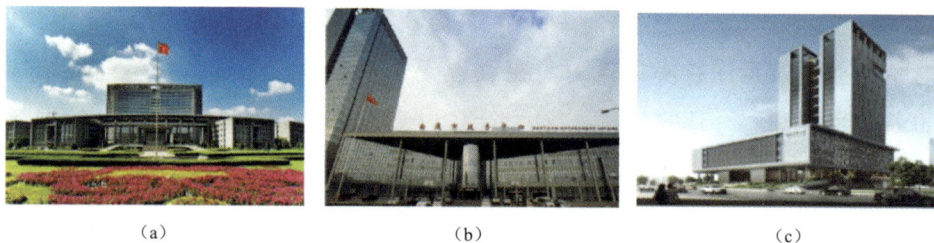

（a）　　　　　　　（b）　　　　　　　（c）

图 7-1　江苏省南通市行政中心、政务中心、图书馆及综合服务中心

（a）行政中心；（b）政务中心；（c）图书馆及综合服务中心

7.1.2　技术路线

1. 技术路线选择

该项目利用最新能源信息技术，建设智能监测平台，推进南通市 3 个中心建筑能效提升工作，实现楼宇单位能耗指标显著降低，以及能源利用高效化、清洁化、智能化、数字化。项目建设系统架构如图 7-2 所示。

2. 项目建设内容

（1）智慧建筑综合能效管控平台。在 3 个中心构建物联网平台，建立综合能耗计量分析系统，并对行政中心主要机电设备（多联机集中管控系统、风冷热泵、照明系统）进行智能管控，实现绿色智慧运营。

（2）空调末端集控管理系统。对 3 个中心的多联机、风机盘管、末端空气处理机组进行集中管控，减少能源浪费，以及冷热源侧制冷机组及锅炉能源费用。

（3）冷热源机房监控系统。对 3 个中心的风冷热泵系统、中央空调机

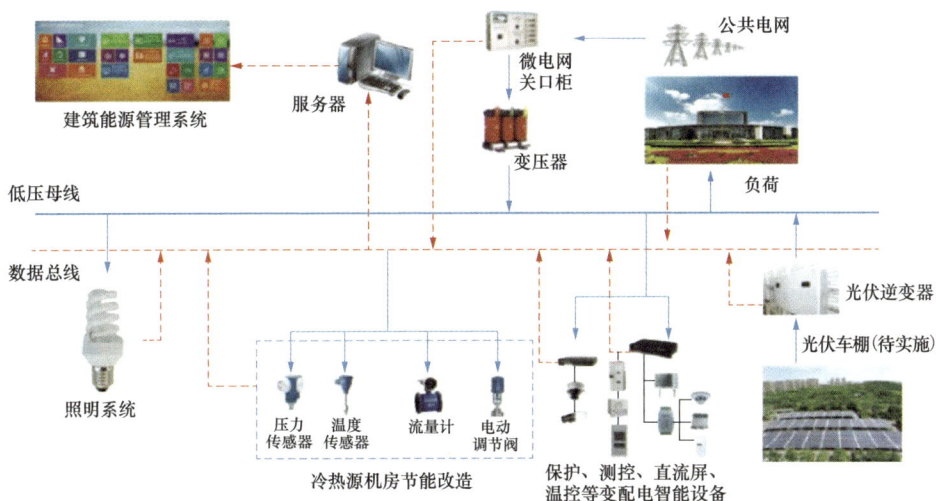

图 7-2 项目建设系统架构

房、水源空调机房进行变频控制，根据负荷及气候变化，优化调节冷热量。

（4）照明灯具节能改造。对 3 个中心的 5 万余只普通照明灯具进行 LED 光源改造。

（5）太阳能设备维护。对行政中心太的阳能热水管进行维护更换。

（6）小厨宝节能改造。为 3 个中心的小厨宝增加时控器进行控制。

7.1.3 项目效益

1. 经济效益

该项目采用能源费用托管型合同能源管理商业模式，合同期为 8 年，建设周期约半年，该项目由国网江苏综合能源服务有限公司全额投资。

国网江苏综合能源服务有限公司每年收取能源托管费用约 2000 万元，年收益率约 8%，回收期约 6~8 年。

2. 社会效益

南通市行政中心、政务中心、图书馆及综合服务中心采取整体能源托

管的方式，通过节能改造及精益化管理等措施，每年可实现节约电能消耗超 400 万 kWh，节约天然气 3.5 万 m^3，节能费用 300 万元。折合节约标准煤近 600t，减少二氧化碳排放约 1400t，经济效益显著。

7.2　学　　校

学校能源消耗主要来源于照明、生活热水等系统，全年用能时段具有逆高峰特点。学校建筑功能主要为教学培训及行政办公，主要用能系统包括暖通系统、照明系统、动力系统、生活热水系统等，用能种类以电力为主，天然气、蒸汽为辅。学校建筑用能时段相对固定，教学楼一般为 8：00～22：00、办公楼为 8：00～18：00。从全年来看，由于学校存在寒暑假，其建筑能耗也具有显著的季节性特征。寒暑假期间，学生宿舍食堂教室以及实验室等能耗明显下降，但与此同时正值民用住宅和商业建筑采暖或空调制冷的用能高峰期，具有明显逆高峰特点。

我国积极推进学校节能减碳工作，发起"能效领跑者计划"，建立涵盖节能改造技术、运行维护、日常管理等长效机制。2015 年，国家发展改革委、财政部、工业和信息化部等七部委联合印发了《能效"领跑者"制度实施方案》，教育部学校规划建设发展中心发起"能效领跑者计划"项目，在校园能源资源综合利用方面，引导和鼓励学校与社会资本合作，采取合同能源管理、PPP 等模式进行校园节能综合改造。

高校是学校节能降碳实施重点，主要技术手段包括重点用能系统节能改造、分布式新能源开发利用等。学校包括小学、中学、高校等，其中高校具有完备的行政、教学、科研、活动及生活设施，建筑数量远多于中小学，是各类型学校中的用能大户，也是综合能源服务的重点客户。我国高

校超过 3000 所，年用电量占全国比重约 5%，单位面积电耗是普通居民家庭单位面积电耗的 4 倍以上。学校节能降碳典型解决方案包括主要用能系统节能改造、分布式新能源开发利用、多能一体化供应、能源智慧管理平台建设、全电厨房建设等。

这里以华北电力大学北京校部能效提升项目❶为典型案例进行介绍。

7.2.1　项目背景

华北电力大学是教育部直属唯一一所以能源电力为特色的"双一流"建设高校，是国家"211 工程"和"985 工程"优势学科平台重点建设大学。华北电力大学北京校部位于北京市昌平区回龙观北农路 2 号，总占地约 800 亩，合计 47 栋建筑物，总建筑面积 58 万 m^2，包括教学办公楼、宿舍公寓、图书馆、体育馆、校医院、食堂等。

华北电力大学北京校部主要以电、燃气能源为主，消耗量逐年增加。年用电量超过 2000 万 kWh，电费超过 1000 万元，平均每年增长约 5%。年用气量超过 300 万 m^3，燃气费超过 800 万元，平均每年增长约 4%。

7.2.2　技术路线

该项目主要建设高效冷热供应能源站和智慧能源管理平台。高效冷热供应能源站采用"太阳能热管集热器＋空气源热泵＋污水源热泵＋地源热泵"的技术路线。智慧能源管理平台则针对教学日、假期等不同场景设定运行策略，通过采集和控制单元进行切换，实现高效、节能的最佳运行方式，有效低降低了管理和能耗成本。

(1) 高效冷热供应。集中能源站以合理利用洗浴废水余热能量、提升

---

❶　国网综合能源服务集团有限公司提供。

系统运行效率为原则配置热泵系统,构成多能互补的复合能源系统。运行时优先消纳太阳能集热器系统,污水源热泵系统为主要基础热源,地源热泵系统为协同补充热源,空气源热泵为调节辅助热源。

(2) 智慧能源管理平台建设。通过建设智慧校园综合能源管控平台,打造具备一定前瞻性、技术性、展示性、教学性等功能的能源服务基地,实现校区智能化综合运营、综合能源管控、碳排放管理等核心系统,辅助科研实验等学科建设与能源系统建设相结合,在担负校区能源稳定高效供应的同时为学校师生提供科研、实验、教学平台。

7.2.3 项目效益

1. 经济效益

该项目采用建设—运营—移交(Build-Operate-Transfer,BOT)模式,合同期 15 年,由国网综能服务集团负责投资、建设、运营、维护工作,服务期末相关设备资产无偿移交至校方。国网综能服务集团通过合同期内能源服务费(学生生活热水收费和学校热水补贴)获取经济效益。

项目投资总额超过 6000 万元,年收入约为 1000 万元,投资收益率约为 5%。

2. 社会效益

项目建成后,与学校原有用能方式相比,年二氧化碳减排量超过 2000t、二氧化硫减排量超过 5t、颗粒物减排量 10t 以上、氮氧化物减排量 1t 以上。

7.3　商 业 综 合 体

商业综合体因其服务功能,追求舒适,对用能成本、用能管理的重视

程度较低。商业综合体包括商场、超市、酒店等，主要服务文娱、购物、差旅人群。商业综合体用能系统主要包括空调系统、照明系统、生活热水系统、电梯等，也具有办公设备、洗涤设备、厨房炊事等，用能种类以电力为主，天然气、蒸汽为辅。

不同商业综合体的用能情况差异较大，用能量大，可提供整体解决方案。商场空间大、综合性强，具有室内布置多变、人员密度大等特点。商场基本全年开放，每日营业时间基本为 10：00～22：00，长达 12h，空调、照明系统运行时间较其他公共建筑长，节假日较工作日负荷高。**酒店**全天负荷波动较小，全年负荷随季节变化，每天 24h 运行，无节假日，全年营业，星级酒店室内温度多控制在 22～23℃，多数酒店的用电高峰期在 7—8 月。商业综合体能源解决方案包括用能系统节能改造、分布式新能源开发利用、多能一体化供应、能源智慧管理平台建设等。

"低碳冬奥"推动我国商业综合体节能降碳迈上新台阶。"低碳冬奥"是指在冬奥会场馆建设、赛事举办等过程中，充分利用可再生能源发电技术、建筑节能技术、循环利用技术，最大限度降低奥运赛事活动带来的碳排放量。2019 年 6 月 23 日，北京冬奥组委联合北京市政府、河北省政府联合发布《北京 2022 年冬奥会和冬残奥会低碳管理工作方案》。该方案在低碳能源、低碳场馆、低碳交通、低碳标准 4 个方面提出了具体目标。低碳工作正式启动后，各项措施稳步推进并取得阶段性成果，包括：全部场馆实现可再生能源利用；所有场馆 100％使用绿色电力；建设场馆全面满足绿色建筑标准；构建赛时低碳交通体系，在各赛区推广电动汽车、氢能源汽车的使用；北京冬奥组委率先示范，入驻首钢工业主题园区，减少新建办公地点带来的碳排放；顺利推进林业固碳工程，为后代留下绿色冬奥遗产；正式启动冬奥会碳普惠制等。

这里以冀北张家口崇礼奥雪小镇酒店清洁能源电供暖项目❶为典型案例

---

❶ 国网冀北综合能源有限公司提供。

进行介绍。

7.3.1 项目背景

张家口崇礼奥雪小镇（崇礼翠云山整体项目一部分）是河北旅游投资集团股份有限公司在崇礼区投建的国际旅游度假区项目。项目位于张家口崇礼主城区，为崇礼区近期地标性建筑。规划建设总面积约 $78km^2$，涵盖"一镇、一轴、四区"。其中"一镇"即为奥雪小镇，是围绕银河滑雪场建设的滑雪、度假、餐饮、娱乐的综合性度假商业体，分为银河滑雪场区、中心湖配套区、雪场滑进滑出区、住宅区、高铁配套区及小镇商街区等 4 个区域。

奥雪小镇项目酒店及部分商街已于 2020 年冬季投入运营。由于"低碳奥运"是北京与张家口联合举办冬奥会的重要理念，因此电供暖将为崇礼地区新建城市综合体主要供暖方式。

7.3.2 技术路线

项目主要实施清洁能源电供暖，供暖区域包含度假酒店、养生酒店以及商街等，供暖总面约 20 万 m^2。项目热源方案采用 2 台 10MW 的 10kV 高压电极锅炉和 1 个 $4500m^3$ 常压水蓄热罐，利用低谷电进行供暖＋蓄热，白天峰电时期不耗电，依靠蓄存的热量进行供暖，以达到降本增效的目标。

项目内容主要包括热源站设备设施建设及项目建成后的运营维护管理。其中，热源站建设包括锅炉房内电热锅炉、蓄热水箱、锅炉辅机配套设备、软水装置、高低压电气设备及连接管道等的采购、建设、安装。

7.3.3 项目效益

1. 经济效益

该项目采用合同能源管理模式，合同期为 20 年。项目由国网冀北综合能源公司负责实施，具体采用"设备设施投资＋能源费用托管"方式，承担热源站设备设施的投资建设及冬季供热运营。

项目总投资额超过 2000 万元，项目内部收益率约 7%～9%，回收期约 10 年。

2. 社会效益

该项目采用的清洁供暖方式，与原有燃煤供暖方式相比，具有能耗低、污染小、热损小等显著优势。同时，项目主要利用低谷电能进行局域集中供暖，有助于电力削峰填谷。此外，项目无须城市外网的敷设，减少了城市道路的损坏。

本章小结

（1）公共建筑是建筑领域推进"双碳"工作必须要牵住的"牛鼻子"，公共机构则是其中的"重点户"。我国公共建筑总面积、用能需求持续增长，着力推进公共建筑节能降碳将成为建筑领域绿色低碳转型发展的重点推进方向。随着"双碳"目标下各级机关事务管理单位对建筑能耗提出刚性要求，公共机构节能降碳需求迫切、空间巨大。

（2）能源数字化技术是建筑领域综合能源服务核心发展方向之一。空调和照明是建筑能源消耗主要来源，但空调和照明系统节能降碳改造须建立在保障安全、可靠、舒适用能体验之上，加之建筑内容结构布局复杂多变、用电设备数量众多，需要依托智能化、数字化监测终端和运行控制系统，实现建筑用电智慧、"无感"管控，从而在满足高品质用能体验的同时

大幅降低建筑能耗和碳排放。

（3）能源托管型合同能源管理成为建筑领域综合能源服务的主流商业模式。我国大力支持合同能源管理模式，能源托管型成为最受业界欢迎和广泛采用的合同能源管理细分模式，特别是国管局印发《关于鼓励和支持公共机构采用能源费用托管服务的意见》（国管节能〔2022〕287号），进一步明确了能源托管作为公共机构综合能源服务核心商业模式的地位。

第 8 章　工　业　场　景

　　工业领域是我国能源消费重点领域，近期重点业务在于节能服务与分布式新能源开发，并逐步开展电能替代业务。2022 年我国工业增加值约 40 亿元，比上年增长 3.4%，占国内生产总值比重为 33%。工业用能约占我国终端能源消费的 70%，以煤炭和电力为主。工业领域能源燃烧直接碳排放占全国比重略低于 40%，计及间接排放超过 60%，工业单位产值能耗及碳排放强度均高于国际水平，是消费侧"双碳"工作重中之重。近中期，随着碳排放监管日益趋严和产业结构调整深入推进，生产力向头部企业集中，规模化生产和能效提升将推动工业碳排放进入下行通道；远期，生产工艺更新换代和电能替代水平提升是促进碳减排的重点路径。综合能源服务面向工业企业可重点把握设备级节能改造、工艺级节能改造与电能替代、分布式新能源开发等业务。

　　园区是工业企业聚集地，将以推进能源资源节约集约利用作为重要方向。由于各地工业企业正在向园区聚集，面向园区可开展综合能源站建设、能源梯级利用、余热余压余气利用、充电设施共建共享、绿电交易等业务。利用数字化手段构建园区智慧能源管理平台是未来趋势，将园区内建筑、交通、新型基础设施等用能纳入监测范围，更高质量推进能源站运行优化、智能运维等服务。

　　本章选取高耗能行业、战略新兴产业、新型基础设施等 3 类工业场景进行分析。

8.1　传统高耗能行业

传统产业，面临逐步收紧的能耗和碳排放政策约束，尤其是高耗能高排放行业，在市场中将面临愈发高昂的生产经营成本。一方面，需要投入资金开展能源系统、用能设备低碳改造；另一方面，运行成本提升，不仅包括能源成本，还包括未来碳市场配额趋紧、碳价上涨预期带来的环境成本等。

从工业产品单耗来看，当前我国部分工业产品单耗已接近国际先进水平，但整体能耗强度仍有较大提升空间。四大高耗能行业❶2020年用能量分别为7.0亿tce（化工）、4.1亿tce（钢铁）、2.7亿tce（有色）、1.2亿tce（建材）。主要高耗能产品能耗见表8-1。

表8-1　　　　　　　　　主要高耗能产品能耗

指标	单位	2000年	2010年	2015年	2020年	国际先进水平
钢可比能耗	kgce/t	784	681	644	601	576
电解铝交流电耗	kWh/t	15418	13979	13562	13112	12900
水泥综合能耗	kgce/t	172	143	137	130	97
乙烯综合能耗	kgce/t	1125	950	854	795	629
合成氨综合能耗	kgce/t	1699	1587	1495	1412	990

节能提效和用能结构调整是高耗能行为降碳的关键。当前，传统工业领域综合能源服务解决方案重点在于节能提效，包括单体节能设备更换和

---

❶ 四大高耗能行业分别为：①化学原料及化学制品制造业（以下简称"化工"）；②黑色金属冶炼及压延加工业（以下简称"钢铁"）；③有色金属冶炼及压延加工业（以下简称"有色"）；④非金属矿物制品业（以下简称"建材"）。

工艺用能系统综合能效提升。未来用能结构升级叠加节能潜力释放将推动能源利用效率提升，单位 GDP 能耗下降，并有望于 2040 年后达到世界先进水平。

这里以江苏淮安市淮河化工有限公司余热余压综合利用项目❶为典型案例进行介绍。

8.1.1　项目背景

化工行业是关系到国家经济命脉和战略安全的重要行业。2010 年以来，我国化工产量成为世界第一，2018 年化工产量占全球 40%。与此同时，我国化工行业也逐渐从"高污染、高风险"向"绿色化、高端化"的方向发展。化工行业 2020 年用能约为 4.1 亿 tce，占工业用能量的 19%，占全国终端能源消费量的 11%。2021 年用电量 5097 亿 kWh，占工业用电量的 9%，占全社会用电量的 6%。

江苏淮河化工有限公司（以下简称"淮河化工"）隶属于中国化工集团公司，是一家以合成氨、硝酸为基础，以硝化、加氢为特色的化工中间体生产企业。淮河化工现有 75t/h 锅炉产生的次高温次高压蒸汽，需要减温减压器将蒸汽参数降至 1.3MPa、250℃后才能送入化工系统，浪费了大量能源。通过余压利用可以减少能源消费，并且可以长期削减电力尖峰负荷，既节约能源、降低成本，也有利于电力系统稳定运行。

8.1.2　技术路线

该项目实施之前，淮河化工生产热负荷（1.8MPa 以下）需要锅炉蒸汽（5.29MPa、485℃）减温减压后进行供给，在蒸汽减温减压过程中产生了

---

❶　国网江苏综合能源服务有限公司提供。

大量的压差损失。

该项目通过改进工艺结构和增加节能装置，最大幅度地利用生产过程中产生的余压势能和余热内能。将现有 75t/h 锅炉产生的次高温次高压蒸汽，进行蒸汽节能利用，采用 3 台背压汽轮机替代现有电机，拖动一台 1200kW 压缩机、两台 560kW 循环水泵稳定运营。蒸汽取自次高压供汽母管。保留原有减温减压器。淮河化工余热余压综合利用项目系统流程如图 8-1 所示。

同时该工艺可提前蓄能，作为电网可调节资源，提高电网高峰较大时段的供电可靠性。

项目改造内容还包括厂区热力系统、冷却水系统、电气系统、自动化系统和给排水系统。

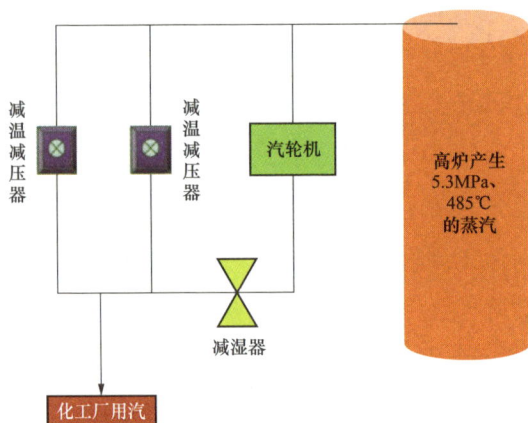

图 8-1　淮河化工余热余压综合利用项目系统流程

8.1.3　项目效益

1. 经济效益

该项目采用效益分享型合同能源管理模式，国网江苏综合能源服务有

限公司负责投资建设，淮河化工负责运维。双方共同分享节能效益，效益分享期为 8 年。在利益分享期内，由国网江苏综合能源服务有限公司帮助客户培养设备运行人员的业务水平，并支付运行人员及设备维护费用。

原本的一台 1200kW 压缩机、两台 560kW 循环水泵年耗电量 1600 万 kWh，利用蒸汽拖动后，项目年节约电量大约 1400 万 kWh，年节约电费约 900 万元，扣除项目年运营成本，双方分享收益。由于疫情因素，项目收益受到一定影响。

2. 社会效益

该项目属于典型的清洁生产项目。蒸汽既是具有高品位的二次能源，又是具有广泛利用价值的载热工质，合理有效地利用蒸汽是节能降耗关注的一大重点。蒸汽热能可以按品位高低实行梯级利用，利用的次数越多，能量利用效率就越高，且不产生任何污染，不改变原生产工艺状况。该项目年节约标准煤约 5000t，年减少二氧化碳排放量约 1.3 万 t。

8.2 战略新兴产业

战略新兴产业在国家政策支持下快速发展。战略新兴产业以重大技术突破和重大发展需求为基础，对经济社会全局和长远发展具有重大引领带动作用，具有科技含量高、市场潜力大、带动能力强、综合效益好等特征。战略新兴产业是各国依据自身的经济技术发展水平以及对未来经济技术发展趋势的预测来确定的，任何一个产业部门在某个特定的经济发展阶段都有可能成为战略新兴产业。现阶段，我国重点发展的战略新兴产业包括节能环保、信息、生物、高端装备制造、新能源、新材料、新能源

汽车等。

战略新兴产业用能以电力需求为主，智能化、电气化、清洁化是发展方向。国家鼓励的高新技术产业和战略性新兴产业，电能消费占比高，综合能源服务可考虑电能质量管理、用电设备节能改造、厂房屋顶分布式光伏等服务。部分企业属于外向出口型，面临不断增强的国际碳税压力，综合能源服务商还可以提供绿电绿证交易代理、碳盘查、碳计量等服务。

这里以鄂尔多斯远景零碳产业园❶为典型案例进行介绍。

8.2.1　项目背景

内蒙古是典型的资源型地区，拥有丰富的能源、化工、建材资源，号称"塞外宝库"，发展了一大批煤电、煤化工、钢铁、电解铝、大数据中心等高耗能项目，也造成碳排放高速增长。内蒙古是全国碳排放总量、排放强度增长速度最快的省区之一，年碳排放量约为 7 亿 t，其中鄂尔多斯占1/3。

2020 年 12 月 4 日，鄂尔多斯市伊金霍洛旗人民政府与远景科技集团旗下远景能源、远景动力就远景零碳产业园项目的开发建设举行了合作协议签约仪式。2021 年 10 月，占地面积约 400 亩、一期 10GWh 产能的现代化动力电池工厂建成投产。目前二期已开工建设。总产能将提高到20GWh，每年将为超过 3 万台电动重卡提供高安全性、高能量密度、高耐久性和高性价比的动力电池，还可为风光储应用提供超 10GWh 储能电池。

---

❶　案例取自新京报零碳研究院"2022 年度绿色发展十大案例"，案例信息来自网络报道，链接 https：//m. bjnews. com. cn/detail/167118761914117. html.

8.2.2 技术路线

1. 技术路线选择

该项目基于当地丰富的可再生能源资源，加快构建以"风光氢储车"为核心的绿色能源供应体系，实现了高比例、低成本、充足的可再生能源生产与使用。通过风能、太阳能和储能组成智能电力供给系统，生产的80%可再生电力由本地消纳，在风光大发时段将20%电力出售给电网，而在负荷高峰时段再向电网购回，以实现100%绿色能源供给。

零碳产业园内发展绿电制氢产业，应用于绿氢制钢、绿氢煤化工、生物合成等下游产业，减少煤炭消耗量。

基于智能物联操作系统 EnOS 的远景"方舟"能碳管理平台，用数字化手段打通园区内供能、生产、交通等各场景的能碳管理，全面追踪与管理能耗和碳排放，实现零碳闭环。

2. 建设运行情况

零碳园区主要发展动力和储能电池，集成电池材料、电动重卡、绿色制氢等上下游产业链。园区已入驻 9 家新能源头部企业，初步形成了以远景能源有限公司为龙头，苏州时代华景储能科技有限公司、龙江万锂泰新能源科技股份有限公司、湖南镕锂新材料科技有限公司为配套的电池及储能产业链；以隆基绿能科技股份有限公司为龙头的光伏产业链；以美锦国鸿氢能科技有限公司、协鑫（集团）控股有限公司为龙头的氢燃料电池及绿氢设备制造产业链；以上汽红岩汽车有限公司、上海捷氢科技股份有限公司为龙头的新能源汽车制造产业链。

对于供应链企业而言，通过零碳产业园，一方面可以实现企业零碳转型；另一方面，可以就近配套远景动力，通过更低的运输成本和用电成本，为企业降本。

8.2.3　项目效益

该产业园基于"新型电力系统""零碳数字操作系统"和"绿色新工业集群"三大创新支柱打造，到 2025 年助力当地实现 3000 亿元绿色新工业产值，创造 10 万个绿色高科技岗位，实现 1 亿 t 二氧化碳年减排的目标。

该产业园实现了中国动力电池产业向西北地区的推进，并以风光氢储车的产业集群和产业化应用场景，加速推动西北地区的经济结构转型。

该产业园内的企业可以生产符合国际认证的零碳产品，进而解决欧盟碳关税问题，让产品畅行全球。同时，鄂尔多斯零碳产业园作为模式创新，可以积极推荐给海外政府及客户，带动我国供应链企业出海。

8.3　新型基础设施

"新基建"包括基站和数据中心建设，在"东数西算"工程等国家政策指导下，发展前景广阔。 新型基础设施是以新发展理念为引领，以技术创新为驱动，以信息网络为基础，面向高质量发展需要，提供数字转型、智能升级、融合创新等服务的基础设施体系。2022 年，我国计算机、通信和其他电子设备制造业增加值增长 7.6%。作为通信网络基础设施的 5G 基站建设和数据中心发展一直受到国家的重视和支持，是综合能源服务业务最重要的潜力市场。

5G 基站能源供应存在能源费用结算复杂、运维管理不善等问题，市场规模随着 5G 基站的新增建设，呈现先增后减的趋势。 随着 5G 基站用电量增大，运营商承受的电费成本提升，利用综合能源服务降低基站能源费用，提升管理水平需求日益迫切。5G 基站综合能源服务业务包括供电服务和基础设施服务。其中，供电服务重点包括可再生能源建设、能源动力系统建设等业务，基础设施服务主要包括面向运营商提供的能源系统建设、运维服务。总体来看，综合能源服务市场规模 2023 年前持续提升，从 2020 年的 700 亿元增加到 2023 年的近 1500 亿元，之后缓慢下降。

这里以山东 5G 宏基站综合能源服务项目❶为典型案例进行介绍。

8.3.1　项目背景

5G 基站是指联通、移动的无线信号发射基站，由主设备、动力配套设备设施、土建施工共同组成，其基本组成如图 8-2 所示。主设备包括基站处理单元（BBU）、有源无线单元（AAU）、传输设备等，动力配套设备设施包括电源、电池、空调等，土建施工包括机房、铁塔等。

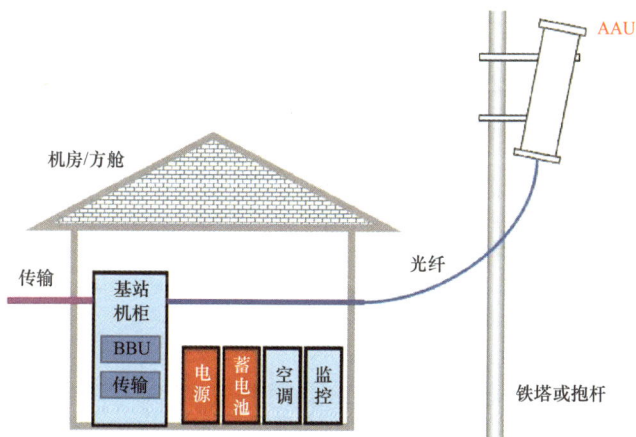

图 8-2　5G 基站的基本组成

---

❶　国网山东综合能源服务有限公司和国网信通产业集团提供。

基站的运行主要依靠电力，电费占运营商网络维护成本（OPEX）的比例约20%。从4G到5G，单位流量的功耗（W/bit）大幅降低，但5G的流量和功耗相比4G大幅增长。5G基站能耗构成如图8-3所示，可以看到，基站能耗构成以基站主设备（45%）和空调系统（40%）为主。

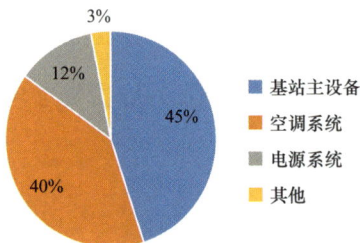

图 8-3　5G 基站能耗构成

5G宏基站能耗相对比较大，一般能耗为4～7kW，其中IT耗电占40%～60%，为2～4kW；空调及其他约占40%，大约为2kW。综合分析PUE值，宏基站空调运行时PUE为1.4～1.6，说明具有一定节能潜力。

5G宏基站内部一般设有监控设备，但是大部分只考虑监控故障，对于室内温湿度、用电量等信息并没有显示，因此可考虑加装能耗监控、单项设备用电量监控、室内故障点检测等。

8.3.2　技术路线

该项目在电网进线侧、不间断电源系统（UPS）进线侧和空调进线侧各加装3块多功能电能表。多功能电能表具有监测和计量电流、电压、有功电能、无功电能等功能，并可扩展有功功率、无功功率、功率因数、谐波含量、最大需量等监测功能。多功能仪表具有无线远传功能，每15min自动上传数据至控制中心。

同时，对空调动力、IT 用电等设置分项计量装置，对用电能源消耗情况进行分项监测、计量、统计和监管，并及时报送节能监测基本统计数据。

利用屋顶和基塔空间安装太阳能电池板。室外站可以利用圆柱形发射器安装太阳能薄膜发电，充分利用发射器上的空间。部分室外站周围有墙体维护结构，也可以利用院内空地面积安装太阳能电池板。射频拉远站一般安装在小区楼顶，楼顶的空余面积也可以利用。根据测算，宏基站一般可安装太阳能电池板面积为 $44\sim48m^2$，其中屋顶可以利用面积为 $20\sim24m^2$，信号塔上可以安装太阳能电池板，安装 2 层，每层 6 块，信号塔可安装面积为 $24m^2$。太阳能电池板的使用寿命为 20 年，在使用期间需要定期对太阳能电池板进行维护，保证电站的发电量。

8.3.3　项目效益

该项目对现有 5G 宏基站进行优化改造，提供用电量监测、用电安全检查、用能数据分析等综合能源服务，单个基站每年节省费用约 36％。5G 宏基站分布式光伏项目年收益约为 1 万元，回收期为 $4\sim5$ 年。

本章小结

（1）"双碳"背景下，工业领域将以高耗能高排放行业为重点客户，中等规模企业是重点服务群体。考虑到节能降碳、能耗双控等政策要求，"两高"企业将是持续关注的重点客户群休，同时考虑到大规模企业具有较强的管理能力、小规模企业经营状况不稳定等因素，中等规模企业应成为重点服务对象。

（2）节能改造、分布式新能源开发、绿电交易等成为重点业务。综合考虑各类工业客户，以降碳为主且较为成熟的细分业务更易受到工业客户

青睐，出口型企业对绿电交易的需求也在提升。

（3）考虑到工业客户的经营稳定性风险，综合能源服务商多倾向于提供改造、建设、运维等服务。尤其是近年国际政局、疫情等因素影响，工业客户的经营稳定性较差，综合能源服务从规避风险的角度出发，更倾向于提供非投资类服务。

第 9 章 交 通 场 景

"能源+交通"加速融合，交通出行需求持续增长，带动能源消费水平随之提升。交通运输部门在交通强国战略指引下，以推动供给侧结构性改革为主线，着力调整交通结构和能源结构，满足经济社会发展和人民群众不断增长的交通需求，同时引领绿色化、智能化、共享化发展方向。交通领域能源需求总量和碳排放量快速增长，同我国经济发展、机动车保有量呈明显的正相关关系。

围绕交通领域清洁替代的综合能源服务取得显著成效。绿色交通基础设施建设为交通清洁化、低碳化发展提供重要保障，市场空间较大。综合能源服务商以公路和水路交通基础设施为重点，推动电能替代与氢能替代，并积极配套基础设施建设。近年，基于电能替代出现了换电新模式，基于氢能替代出现了氢燃料电池车场景的规划与运营，结合多能源的交通综合能源站正在积极试点。

本章选取电动汽车换电站、氢能车运营站、交通综合能源站等 3 种新业务场景进行分析。

9.1 电动汽车换电站

随着我国电动汽车数量持续增长，多家车企开始尝试小客车换电模式，

矿山、港口、建筑工地等多种场景也在尝试使用换电重卡替代燃油卡车。相较于普通重卡和充电重卡，换电重卡具有多种优势，具体表现在：①运营成本较燃油卡车低10％左右；②电池投资降低，可灵活采用融资租赁等商业模式，规避投资、贬值等风险；③换电模式可与电网友好互动，在电力负荷低谷时充电，甚至可考虑在电力高峰时段放电；④大幅降低碳排放。

这里以某港口电动重卡配套换电设施项目❶为典型案例进行介绍。

9.1.1　项目背景

山东省沿海城市较多，货运客运码头密集，进出港物流车辆的环保问题备受关注。新能源物流运输可解决碳排放问题，同时成本也可以接受，正逐步替代传统燃油运输。港口运输车辆运输距离短、运输路线固定，若使用充电模式，车辆、充电桩的利用率均不高，且占地面积大，若使用换电模式，经过车辆运营和电池充电的双重优化后，可大幅提升运行效率，降低投资和运营成本。

9.1.2　技术路线

该项目采用换电模式，建设8工位智能重卡换电站，对60辆换电重卡提供服务，配套2座1000kVA箱式变电站及附属电缆等。

经分析换电重卡的运营路径，选择合适的位置作为换电站选址。由于换电站周边运输条件较好，故换电重卡可采用直进直出的方式，既节省换电时间，又提高运营效率。

换电站工作电压为380/400V，采用三相交流电，变压器可利用容量≥2000kVA，电池充放电时间根据车辆运营需要和峰谷电价进行实时优化。

---

❶　国家电力投资集团有限公司提供。

项目建成后，预计运输业务每年承接 200 万 t 货物，年换电量可达 900 万 kWh。

9.1.3 项目效益

1. 经济效益

该项目总投资为 600 万～700 万元。若换电服务费收取标准为 1 元/kWh（按基础电费 0.6 元/kWh、服务费 0.4 元/kWh 来计算），满负荷运行状态下年换电量可接近 1000 万 kWh，换电服务费预计收入约 1000 万元，若参与运输管理，还可按照 200 万～300 万元/年收取费用。综上，该项目年均净利润为 100 万～120 万元，回收期 5～7 年。

2. 社会效益

该项目为 60 辆换电重卡提供服务，若与 60 辆燃油卡车相比，每年减少 CO_2 排放量约 1.2 万 t，同时还可减少二氧化硫、一氧化碳、氮氧化物、颗粒物等汽车尾气污染物。

9.2 氢能车运营站

在能源消费侧，氢能主要在交通领域进入示范应用阶段。氢燃料电池汽车具有续航里程长、功率密度高、低温自启动等优点，在长距离运输、高质量承载车辆领域具有良好的应用前景，预计氢燃料电池客车、物流车、重卡等车型将在 2030 年前取得与纯电动车型相当的全生命周期经济性。

综合能源服务商结合政策导向，寻找特定应用场景，基于客户需求，建设运营氢能车运营项目，探索先进商业模式，逐步打开市场，以期实现规模化发展。

这里以广东佛山氢能货车运营项目❶为典型案例进行介绍。

9.2.1 项目背景

2021年氢力氢为汽车运营（佛山）有限公司（以下简称"氢力氢为"）承担了广东省佛山市的京东物流门到门运输配送业务。作为一家专业从事氢燃料电池汽车集约化运营一站式解决方案综合服务商，截至2022年底，氢力氢为已在广东省佛山市建设6个加氢站，运营车辆为20辆8.7t厢式货车，主要用于京东物流配送。

加氢站运营当前存在多方面困难，具体为：①加氢站建设远离物流仓库，地区的基础建设薄弱，部分车辆加氢往返距离长达15km，极降低了运输效率；②由于氢源问题导致氢气供应不足，加氢需长时间排队；③氢气成本较高，导致运营成本较高；④目前的物流运输车型是黄绿牌，部分区域对车辆运营限制比较大。氢燃料电池物流车具体参数见表9-1。

表 9-1　　　　　　　氢燃料电池物流车具体参数

型　　号	氢燃料电池物流车
车体尺寸（长×宽×高）/mm	7630×2370×3060
厢体尺寸（长×宽×高）/mm	4600×2250×2000
质量（总质量/整备质量）/kg	8695/5100
最高车速/（km/h）	≤85
续航里程/km	360
驾驶资质	B2驾驶证和从业资格证

❶　北京国氢中联氢能科技研究院有限公司提供。

9.2.2 技术路线

为解决各种车辆运营问题,氢力氢为采用塑云科技(深圳)有限公司提供的氢燃料电池汽车大数据闭环产品服务,该服务产品涵盖氢燃料车辆整体监控、智能加氢站数字化运营以及氢燃料车辆运营管理等。

1. 氢燃料车整体监控和运营管理方面

该产品通过互联网对车辆进行远程监控和运营管理,结合车载 T‐Box 网关设备和 NEVTSP 云平台,为氢燃料电池车在物流领域提供随处可达的安全监管服务和智能化的车辆管理云平台,遥测车辆关键数据。提供车队管理、移动资产管理、运行数据分析及大数据挖掘服务,有效提高车辆研发/管理效率、降低项目的管理成本。氢燃料车辆整体监控平台概况如图 9-1 所示。

2. 智能加氢站数字化运营方面

该产品能够对加氢站位置、路线规划、排队情况、氢气余量等进行提前预判;支持百万数量级传感器接入(包括第三方传感器)、不同协议/接口传感器设备快速选型配置、多协议组网方案(GSM/4G、IoT 等),适应不同环境;提供丰富 API 接口,与自有系统快速集成;针对不同场景,提供多种成熟应用,快速响应需求。

3. 氢燃料车辆运营管理方面

该产品通过数据实时上传进行分析存储,能够实现巡检使用标准计划性、定时任务实时查看,并对于计费系统使用实时对接加氢机、储氢罐等设备与车辆数据进行智能融合联动处理,整合氢站信息系统数据。

目前实际运营的 20 台车辆每天能到达到 30 个车次的运输频率,尤其在 618 年中购物节等节日期间配送最高峰能达到 150 个车次,每台车平均每天能够运营 200km 以上。

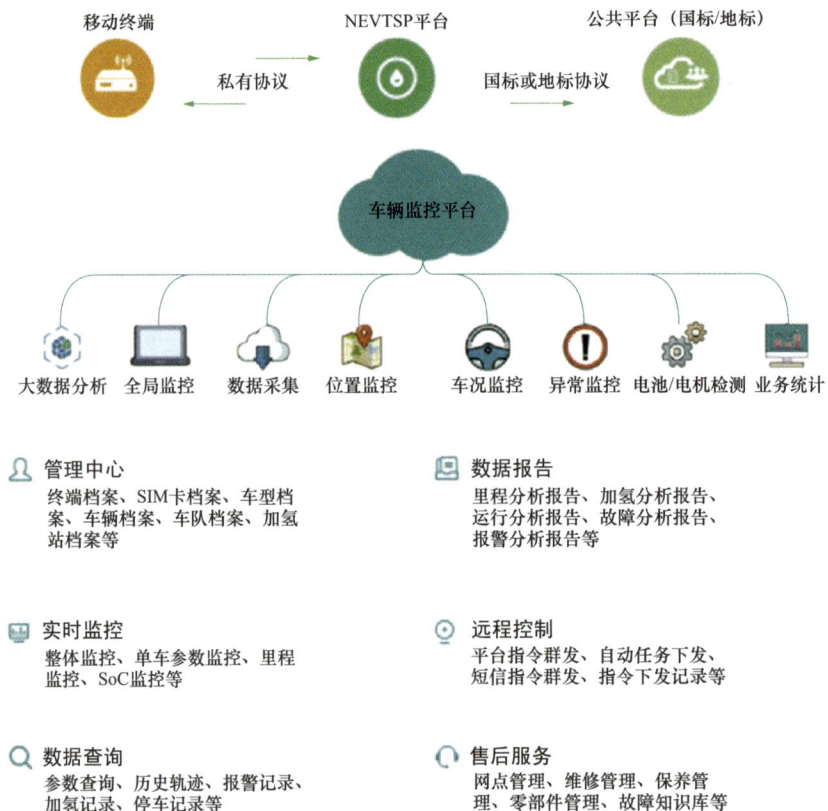

图 9-1　氢燃料车辆整体监控平台概况

9.2.3　项目效益

1. 经济效益

氢力氢为已投放 600 多辆中型厢式货车、31t 自卸车、49t 牵引车、中巴车于佛山、深圳等地，开展车辆运营。该公司得到了佛山市政府补贴，当地氢燃料电池车的补贴价格均价在 12 万元左右，部分车型补贴均价在 5 万元左右，预计可获得 4000 万～7000 万元政府补贴。

2. 社会效益

氢燃料电池系统车辆具有长续航、高载重、加氢快、效率高、零排放等产品特点，其中加氢时间为 3～5min；能量转化效率高达 60%～80%；能够实现零排放要求，排放物仅为纯净水。截至目前，每台车平均运营达 4 万 km 以上，共减排 6000t 二氧化碳。

9.3   交 通 综 合 能 源 站

从单一品种能源供给转为多品种能源供给，成为交通综合能源站，是当前交通站转型升级的重要发展方向。随着交通领域清洁替代的推进，电动汽车、燃料电池车保有量快速增长，传统的交通加油站、加气站、充电站已经无法满足更多车主的需要。掌握站址资源的能源企业正在积极开展相关规划，快速构建综合能源站网络。

这里以中国石油金龙综合能源服务站项目❶为典型案例进行介绍。

9.3.1   项目背景

2022 年北京冬奥会作为一项国际赛事，是展示国家形象的重要窗口，冬奥会明确提出使用氢能。在此大背景下，北京市人民政府相继出台一系列推动氢能发展的政策及要求。2020 年《北京市城市管理委员会关于加快推进加氢站项目建设工作的通知》要求"2020 年启动延庆区 4 座 70MPa 油氢合建站（金龙、八达岭、兴康、919 路总站）建设。"北京冬奥会计划在延庆赛区使用氢燃料大客车 212 辆、中巴车 39 辆、小客车 55 辆，合计

---

❶　中石油规划总院提供。

306 辆。

中国石油北京销售公司将金龙站再次改造升级，实施 35MPa＋70MPa 一体化加氢项目。2021 年 9 月，中国石油首座"油气氢电非"（油品、天然气、氢燃料、充换电、非油品）综合能源服务站——北京销售金龙"油气氢电非"综合能源服务站（以下简称"金龙站"）开业，位于北京市延庆区延庆镇米家堡村东，占地面积 1.5 万 m²，"油气氢电非"各功能区纵向分布。

9.3.2 技术路线

金龙站增建加氢设施包括：45MPa 氢气压缩机 2 台、90MPa 氢气压缩机 2 台、储氢瓶组 1 套（1 整套包含 2 台瓶组，即"9 支储氢瓶＋9 支储氢瓶"型式）、储氢瓶罐 3 台、35MPa 单枪加氢机 1 台、70MPa 单枪加氢机 2 台、氢气管束车固定车位 2 个（长期停放 1 台）、氢气卸气柱 2 个、30℃冷水系统（45MPa 氢气压缩机及 90MPa 氢气压缩机使用）1 套、－10℃冷冻系统（45MPa 氢气压缩机及 35MPa 加氢机使用）1 套、顺序控制盘 2 套、－40℃冷冻系统（70MPa 加氢机单路使用）2 套、氮气汇流排及氮气瓶组 1 套、相关的配管、供配电和给排水系统等。

1. 主要技术形式选择及工艺设备选型

（1）加注压力等级的确定。《加氢站技术规范（2021 年版）》（GB 50516—2010）规定，加氢机额定工作压力分 35MPa 和 70MPa 两个等级，对应的储氢设施额定工作压力分为 35～100MPa。鉴于国内同水平加氢站的现状情况，同时考虑到加氢站的未来发展及北京冬奥会车辆配置情况，该项目设计加注压力等级选择 35MPa 和 70MPa 两种，其中以加注压力 70MPa 为主。

（2）储氢设施的选择。目前常用的储氢设施有储氢罐和储氢瓶组两种形式，国外加氢站多采用储氢瓶组，国内加氢站多采用储氢罐。目前国内加氢站的建设正处于起步阶段，项目经验较少。鉴于上述情况该项目储氢设施采用储氢瓶组和储气罐同时储存的方式。

2. 氢气压缩机参数

根据该项目的设计规模，氢气压缩机的配置形式为：①45MPa 压缩机选择处理能力 500kg/12h 氢气压缩机 2 台；②90MPa 压缩机选择处理能力 500kg/12h 氢气压缩机 2 台。

金龙站站设计加氢能力 1000kg/12h，高峰日加氢量 1320kg/天，属三级加氢站。

该项目采用外供氢模式作为氢气来源，即用长管拖车运送氢气，到站后，氢气直接通过卸气柱及管道和压缩机系统相连，经压缩机增压后储存到储氢系统，储氢系统通过加氢机给燃料电池汽车加氢，工艺流程如图 9-2 所示。

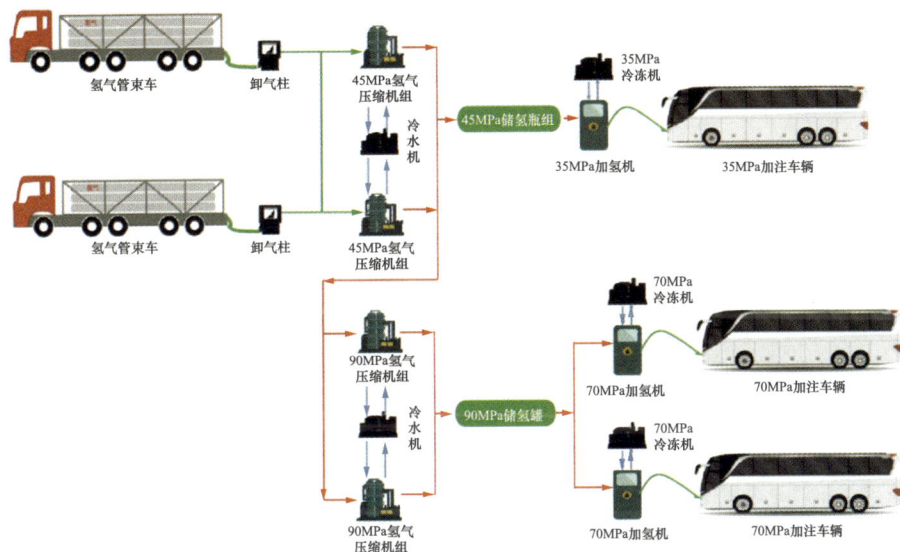

图 9-2　金龙站项目工艺流程

9.3.3　项目效益

1. 经济效益

该项目投资超过 3000 万元，由中国石油北京销售公司下属控股公司中油新能源（北京）有限公司负责投资建设。项目运营后，年平均总成本费用为 1810 万元，年平均经营成本为 1607 万元。折旧年限按 15 年，残值率按 3％考虑，内部收益率为 8％，回收期（含建设期）约 16 年。

2. 社会效益

在冬奥及冬残奥会保障期间，金龙站累计加注氢气 63t、加注车辆超过 5000 车次。日均加注氢气量约 1150kg、日均加注车辆超 90 车次。单日加注量最高达 1.9t、153 车次。金龙站运营安全平稳，未发生任何安全相关事故。

该项目服务氢燃料车运营，若按照每天加氢 1t、全年正常运天数按 340 天计算，与天然气相比减少约 700t 碳排放量、与燃油相比减少约 1100t 碳排放量。

本章小结

（1）**各类专属场站、居民社区和园区充电场站是主要场景。**公共运营车辆专属场站、重型卡车专属场站等因运营模式相对固定、具有盈利空间、存在绿电需求等，是优质客户；居民社区、园区等充电场站具有有序充电潜力，可与电网友好互动，存在峰谷电价套利的商业模式，是重点关注对象；高速公路、景区等场景目前盈利水平较差。

（2）**交通电动化正在进入深水区开展试点示范，氢能应用进入探索阶段。**交通电动化已经开展多年，正在向重卡、电动船等领域拓展，快充、换电、车网互动、绿电交易等业务正在创新发展；氢能应用尚处在商业化早期，是资本争相追逐的热点。

（3）**"车辆更换＋运营管理"模式被广泛采用，体现了综合能源服务的一体化思路。**随着能源与交通的深度耦合，综合能源服务商需要为车辆运营商提供涵盖车辆更换、车辆调度、能源供给、能源交易等的一体化服务，交通场站的整体规划设计将成为未来主导模式。

第10章　农　业　场　景

我国农村能源消费用能量小，以化石能源、生物质消费为主。2020年，农村地区能源消费量约6.7亿tce，其中商品能源消费量为5.4亿tce，电力、天然气占比为39%；非商品能源消费量为1.3亿tce，其中薪柴、秸秆占比为80%，太阳能、沼气合计占比为20%。

我国农村地区清洁能源资源丰富，积极推进分布式清洁能源开发利用，科学提升乡村电气化水平，是农村能源绿色低碳转型的关键，也是农村领域综合能源服务的主要发力点。一方面，我国农村地区可利用的生物质资源总量约4.6亿tce，分散式风电可开发潜力2.5亿kW，分布式光伏可开发潜力达10亿kW以上，清洁能源资源开发潜力巨大；另一方面，清洁能源主要通过电能加以转换利用，因而电气化成为充分利用农村地区清洁资源的主要手段，典型技术包括农业生产电动化智能化、农村清洁取暖、大型农业基地综合能源站、农光互补、渔光互补等。

本章选取农业大棚、农业生产基地等典型场景进行分析。

10.1　农　业　大　棚

我国农业大棚面积超过180亿 m^2 ，大棚电气化市场潜力大，尤其是江苏、山东、辽宁、河北等省。2020年我国各类大棚面积为187亿 m^2 ，以塑

料大棚、日光温室为主，两类大棚面积占大棚总面积比重超过 95%，其中塑料大棚为 65.4%、日光室为 30.4%。我国温室大棚集中分布在江苏、山东、辽宁、河北，分别为 3 亿、31 亿、19 亿、15 亿 m^2，总占比达 51%。随着人们对健康的重视程度不断提高，蔬菜消费量增长，带动蔬菜种植面积增长，我国大棚市场需求及其电气化改造升级需求较为稳定。

这里以山东寿光三元朱村农业电气化大棚项目❶作为典型案例进行介绍。

10.1.1　项目背景

寿光是"中国蔬菜之乡"，大棚蔬菜面积 400km²，年交易量 900 万 t，供应北京约 1/3 的蔬菜，是国家农业开放发展综合试验区，也是全国最大的蔬菜集散地。2018 年，习近平总书记两次肯定乡村振兴"寿光模式"。

10.1.2　技术路线

1. 技术路线选择

寿光大棚种植户现面临着种植劳动力不足、自动化程度低、国内自动化技术不成熟等严峻问题。具体为：①推动大棚种植电气化，联合政府推广电动放风机、电动卷帘机等电气化设备，建设电气化农业大棚；②推动电气化设备控制智能化。依托"365 电管家"智慧能源服务平台，开发智慧大棚应用模块，通过部署 450 套智能电能表和 15 套能源控制器，实现大棚种植物联管理、用能精准分析等功能；③推动制定大棚智能化和电气化改造标准。

以 150m 大棚（内宽 15m，种植面积约 3 亩）为例，单独建设大棚的投

---

❶ 国网山东综合能源服务有限公司提供。

资成本约 22.5 万元（按标准大棚 100 元/m² 计，不含电气设备部分），根据大棚面积平均配置设备，设备购置价格 6.7 万元。大棚种植电气化主要设备配置见表 10-1。

表 10-1　　　　　大棚种植电气化主要设备配置表

设备名称	功率/kW	设备单价/万元	数量
电动卷帘机	2.2	1	1
电动放风机	0.5	0.25	4
电动喷淋机	4	1.1	1
水肥一体机	1.5	0.9	1
补光灯	0.05	0.006	120
二氧化碳气肥机	4	0.8	1
传感器（七感）	/	0.25	1
智能电能表	/	0.08	3
能源控制器	/	0.69	1
合计	18.1	6.7	

2. 项目建设运行情况

项目实施后，大棚除种植、采摘等部分劳作需人工外，其余工作可实现自动化控制和运行，明显降低大棚种植作业中灌溉、施肥、放风、卷帘等的人力成本，年耗电量约为 3000kWh，电费约 1600 元。

10.1.3　项目效益

1. 经济效益

以 150m 大棚（内宽 15m，种植面积约 3 亩）为例，用电气化设备和智能化设备代替传统人工操作，节约农户劳动时间，通过电动放风机和电动卷帘机的使用以及智能化改造，每天可节约劳动时间 1.5h，按每天 9h 劳作

时间算，每年可省劳动力约 60 人工，按每人每天工时费 240 元算，每年节约人力成本 14400 元。通过水肥一体机的使用及智能化改造，实现水、化肥、农药等精准使用，可节约用水 40%，节约用肥 30%。未改造前大棚每年用水费用约 1200 元、肥料费用约 21000 元，因此每年可节水约 480 元，节肥约 6300 元。年均共节省费用约 2.1 万元。大棚种植电气化设备功能、参数与应用效益见表 10-2。

表 10-2　　大棚种植电气化设备功能、参数与应用效益

设备名称	主要功能	主要参数	应用效益
电动卷帘机	代替传统人工收放保温帘（棉被）	配置 2.2～3kW 电动机	收放帘可由 20min 缩短至 15min
电动放风机	由人工手动放风升级为电动控制	每 50m 配置 1 台 0.1kW 电动机	放风可由 15 分钟级缩短至分钟级
电动喷淋机	快速降温，亦可喷洒叶面肥	配备 4kW 电动机	可省水 30%～50%，提高工效 10 倍以上
水肥一体机	取代大水漫灌的灌溉模式，精准施水施肥	功率 0.75～2.2kW，可控制灌溉面积 1～10 亩	节水 40%～60%，节肥 30%～50%
补光灯	延长植物光合作用时间	功率 50W，每亩地使用约 40 盏	可增加产量 30% 左右
二氧化碳气肥机	补充二氧化碳，提高作物光合效率	配备 4kW 气泵进行远距离输送气体	可提前 7～20 天采摘上市，产量可提高 30% 以上

水肥一体机如图 10-1 所示。

农户通过手机 App 即可对棚内情况进行实时监测和对电动卷帘机、水肥一体机等电气化设备进行实时操控，不需人力操作设备，降低劳动强度，提高劳动生产效率，增加产量 5% 左右。以种植西红柿为例，改造前大棚产量可达 11250kg，一年种植两季，市场价格按 12 元/kg 计，大棚年毛收入为 13.5 万元，通过使用补光灯、气肥机以及智能化改造后，产量增加十分之一，每年每个大棚增收 1.35 万元。

图 10-1　水肥一体机

该项目年节省费用约 2.1 万元，增收约 1.35 万元，增加电费 0.16 万元，预计电气化设备投资在 2 年左右可收回成本。

2. 社会效益

该项目具有 3 方面社会效益，具体如下。

（1）可通过电气化设备收集农业生产数据，为政府智慧农业战略规划制定提供数据支撑。

（2）带动了农业产业链上下游协同发展，统一农业能效管理标准，降低农业整体用能成本。

（3）规范了蔬菜大棚电气化、智能化和安全用电等标准要求，提高安全用电水平，降低安全事故发生率。

10.2　农 业 生 产 基 地

农业生产基地（园区）代表我国农业规模化、产业化发展的方向，其用能需求更加多样且集中，具有提供综合能源服务的潜质。具体而言，农

业园区综合能源服务可围绕两个方面重点布局：①近期推进综合能源开发利用，因地制宜结合农业园区用能特点和太阳能、生物质等资源禀赋优势，利用沼气三联供、空气源热泵、大棚余热回收，以及分布式新能源开发、多能互补等技术，满足用户的电、气、冷、热多元化用能需求，提高可再生能源消纳水平和能源综合利用率；②远期建设集农村能源负荷预测、协同优化与运营管理于一体的智慧能量管理平台，实现多种能源的协同互补和优化调度。

这里以江苏江阴青禾农场智慧农业项目❶为典型案例进行介绍。

10.2.1 项目背景

江苏江阴青禾农场智慧农业项目位于江苏省江阴市徐霞客镇阳庄村，占地约 550 亩（36.7 万 m^2），项目全景如图 10-2 所示。

图 10-2 江苏江阴青禾农场智慧农业项目全景

江阴青禾农场原有农业大棚采用老式的人工卷帘操作方法，人工拉大棚帘最少需要 1 个小时，耗费的人工成本较高。此外，受温度、气候等因素的影响，传统大棚的育种、种植等存在很大的限制。农场内技术人员种

---

❶ 国网江苏综合能源服务有限公司提供。

植经验也存在差异，不同大棚内的温度、施肥量等不能精准控制，导致了
大棚内的作物产量、品质等存在较大差异。

10.2.2 技术路线

江苏江阴青禾农场智慧农业项目通过建设智能大棚系统、地源热泵系统、绿色能源系统以及智慧共享平台，改变了原有作业方式和用能结构，提升了农业种植的智能化、绿色化水平。

1. 智能大棚系统

传统农业种植全凭种植人员的经验，种植人员技术水平参差不齐，导致农作物产量存在较大差异，青禾农场采用智能大棚系统，如图 10-3 所示。大棚内配有温室控制器，这是整个智能大棚的核心"大脑"，该控制器分为手动操作模式和自动操作模式两种操作模式，且可通过手机 App 远程监测和控制。

图 10-3　智能大棚系统

智能大棚系统可通过安装的气象监测仪、环境传感器等，获取大棚温湿度、气象数据、二氧化碳浓度、光照强度、水质水量等数据。将实时温度反馈至温度控制器后，温度控制器将采集到的数据与设定值进行比对，自动对大棚内温湿度等进行调整。当温度过低时，自动启用地源热泵系统，

为大棚加温；当温度过高时，排风扇自动开启，防风卷帘自动打开，降温水帘系统启用，形成对流，为大棚降温。当清晨第一缕阳光照射至大棚时，大棚的遮阳卷帘自动开启，为农作物补充光照，中午艳阳高照时，遮阳卷帘自动合上，避免农作物遭受阳光的毒晒。当土壤干燥时，滴灌系统就会自动开启，为农作物浇灌。

2. 地源热泵系统

该项目建设 3 套地源热泵（容量合计 360kW），用于对农场办公区域和玻璃温室大棚进行供暖供冷，并将地源热泵控制器接入系统后台，通过设定温度阈值，实现对地源热泵的远程控制，全程自动进行大棚调温，维持大棚内温度在稳定范围内，确保大棚温度均衡。相对于传统方式来说，此方式大幅度提高了育种成功率，有效降低了能源损耗。

3. 绿色能源系统

该项目建设 156kW 屋顶光伏发电系统和 7kW 风力发电系统，并配置 200kWh 磷酸铁锂移动储能系统。光伏及风力年均发电量约 20 万 kWh，为农场提供了大量的绿色能源，并通过储能装置、能量路由器进行削峰填谷、调频调压。同时建设了 50kW 直流充电桩 2 台、7kW 交流充电桩 6 台，助力实现农场内运输物流电气化。

4. 智慧共享平台

该平台接入农场微电网负荷用电数据细分采集及冷热数据，设立大屏监控和展示中心，采用集中管理方式，全面掌握农场微电网细分负荷的用电情况及冷热负荷情况，捕获异常耗能，制定节能节电策略，进行智能管理，为农业生产提供精准化种植、可视化管理、智能化辅助决策，提高生产效率和产出。

10.2.3 项目效益

1. 经济效益

该项目初始投入成本约 800 万元，运行成本主要为地源热泵、各类水

泵、大棚内各类用电设备的电费,年电费约 13 万元。

该项目实施后,利用地源热泵为大棚供暖,农场大棚冬季可自主育苗,无须外购,节省育苗成本 20 万元/年,种植反季节蔬菜,增收 15 万元/年。农作物产量提升了 10%,增收 20 万元/年。智能化技术应用可减少用工 10 人,节约用工成本 50 万元/年。农场内交通物流实现电动化,年节省燃油成本 5 万元。分布式光伏和风电系统年发电量合计约 20 万 kWh,年收入约为 17 万元。因此,该项目合计产生效益约 130 万元/年,回收期为 5~6 年。

2. 社会效益

该项目通过农作物生长环境监测、温湿度自动控制等科学种养方式,减少农作物病虫害,提高农作物产品品质及经济效益,提高农产品亩产量 10%。该项目实施后,每年减少排放二氧化碳 20t、二氧化硫 6t、粉尘 60t。

本章小结

本章分析了在乡村振兴背景下衍生的综合能源服务应用场景,重点从农业大棚、农业生产基地两个场景介绍了山东寿光三元朱村农业电气化大棚项目及江苏江阴青禾农场智慧农业项目,代表了未来农业综合能源服务推进的重点方向。

(1) **高端农业、高附加值农业是重点**。随着农业农村对用能品质追求的提升,综合能源服务需求逐步释放,但由于农业农村能源价格相对偏低,以农业园区、农业基地等为代表的高端、高附加值农业将成为拓展重点。

(2) **电气化、智慧化是技术发展方向**。科学有序推进农业农村领域电气化进程,积极推进养殖、灌溉等农业生产环节以及取暖、炊事等农村生活环节电能替代,并通过数智化手段实现用能智慧控制,成为服务农业农

村的重要手段。

（3）**一次性改造和能源托管模式共存。**我国大力实施乡村振兴战略，农村用能基础持续向好发展，但各地区尤其是中东部地区和西部地区之间仍存在较大差距，能源服务需求也具有明显差异，一次性节能降碳改造与长期性能源托管并存将成为长期普遍现象。

参考文献

［1］代红才，汤芳，等．综合能源服务——能源互联网企业的战略选择［M］．北京：中国电力出版社，2020.

［2］碳达峰碳中和工作领导小组办公室，全国干部培训教材编审指导委员会办公室．碳达峰碳中和干部读本［M］．北京：党建读物出版社，2022.

［3］国网能源研究院有限公司．中国能源电力发展展望2021［M］．北京：中国电力出版社，2021.

［4］国际能源署（IEA）.2022年世界能源展望［R］．中国：国际能源署（IEA），中国能源研究会碳中和专委会，2023.

［5］汤芳，张宁，代红才．两个50％：能源革命背景下的深度解析［J］．能源，2020（21）：23－26.

［6］白泉．实现碳达峰碳中和必须把节能增效放在突出位置［N］．中国改革报，2021.

［7］中国节能协会.2021节能服务产业发展报告［R/OL］.（2022－04－28）［2023－07－12］. http：//www.tfsjzx.com/image/file/20220429/1651216292669298.pdf.

［8］暖通空调资讯.2021年度中国中央空调行业草根调研报告［R/OL］.（2022－06－14）［2023－07－12］. https：//baijiahao.baidu.com/s？id＝1735598240298119510&wfr＝spider&for＝pc.

［9］艾肯网.2021年度中央空调市场全国报告［R/OL］.（2022－02－06）［2023－07－12］. http：//www.aircon.com.cn/report/show.asp？id＝8450.

［10］国网能源院."十四五"我国分布式天然气发电经济性分析［EB/OL］.（2020－06－10）［2023－07－12］. https：//news.bjx.com.cn/html/20200608/1079381.shtml.

［11］中国电动汽车充电基础设施促进联盟.2020—2021年度中国充电基础设施发展报告［R/OL］. https：//www.fxbaogao.com/view？id＝3492314&query＝％7B"keywords"％3A"2021－2025中国充电基础设施发展预期报告"％7D&index＝0&pid＝.

［12］亿欧智库.2020－2025中国充电基础设施发展预期报告［R/OL］.（2020－09－01）［2023－07－12］. https：//data.eastmoney.com/report/zw_industry.jshtml？encodeUrl＝tUWCCtyzqXeFCxu88finaR4NXHEopRYKaJO5LGi2CWw＝.

[13] 中关村储能产业技术联盟. 储能产业研究白皮书 2021 [R]. 北京：中国能源研究会储能专委会，2021.

[14] 中关村储能产业技术联盟. 储能产业研究白皮书 2022 [R]. 北京：中国能源研究会储能专委会，2021.

[15] 中商产业研究院."新基建"——2020 年中国充电桩行业市场前景及投资机会研究报告 [J]. 电器工业，2020（05）：18-31.

[16] 全球能源互联网发展合作组织. 中国"十四五"电力发展规划研究 [R]. 北京：全球能源互联网发展合作组织，2020.

[17] 汤芳，李苏秀，张希凤. 社会资本参与能源服务的现状分析与相关建议 [J]. 能源，2022（12）：77-80.

[18] 封红丽. 综合能源服务市场竞争主体最新进展及发展趋势与挑战 [J]. 电器工业，2019（12）：51-61.

[19] 张运洲，代红才，吴潇雨，等. 中国综合能源服务发展趋势与关键问题 [J]. 中国电力，2021，54（02）：1-10.

[20] 张运洲. 我国综合能源服务一体化发展模式研究 [J]. 中国电力企业管理，2019（13）：37-41.

[21] 汤芳，代红才，刘强，等. 综合能源服务驱动力模型及物联网技术驱动影响模式分析 [J]. 电力需求管理，2021，23（01）：97-100.

[22] 吴潇雨，代红才，刘林，等. 综合能源服务平台化发展解析 [J]. 能源，2021（03）：45-49.

[23] 杨丹. 能源托管型合同能源管理实施模式研究 [J]. 价值工程，2019，38（31）：107-108.

[24] 清华大学建筑节能研究中心. 中国建筑节能年度发展研究报告 2022 [M]. 北京：中国建筑工业出版社，2022.